LES OUTILS
DU CONSEIL DE L'EUROPE
EN CLASSE DE LANGUE

Cadre européen commun et Portfolios

Francis Goullier
IGEN
Représentant national français auprès de la Division
des Politiques Linguistiques du Conseil de l'Europe

didier

SOMMAIRE

Avant-propos 3
Le Conseil de l'Europe et les langues vivantes 5

Partie 1
Le *Cadre européen commun de référence pour les langues* et le *Portfolio européen des langues*,
deux outils pour décrire et analyser les matériaux et les démarches pédagogiques 9
Introduction : Pourquoi une grille d'analyse et des catégories communes ? 10
Chapitre 1 : Notions essentielles pour décrire un cours de langue 12
   1. Importance du contexte d'usage du matériel pédagogique 12
   2. Qu'entend-on, dans le CECR, par « compétences » ? 15
       2.1 Les compétences générales individuelles 15
       2.2 La compétence communicative 15
   3. Les activités langagières au centre de l'analyse d'une démarche d'enseignement 18
Chapitre 2 : L'approche actionnelle dans l'apprentissage des langues vivantes 21
   1. Qu'est-ce qu'une tâche communicative ? 21
   2. Exemples de tâches dans les manuels de langues vivantes 23
   3. Comment analyser une tâche communicative ? 25
   4. La place de la tâche communicative dans la séquence pédagogique 31
Chapitre 3 : L'échelle de niveaux de compétences en langue 37
   1. L'adoption de l'échelle de niveaux dans les textes réglementaires 37
   2. Les niveaux de compétences et les activités langagières de réception et de production ...39
   3. Les niveaux de compétences et les tâches communicatives 42
   4. Une définition des niveaux de compétences exclusivement positive 48
   5. Les listes de repérage du *Portfolio européen des langues* 48

Partie 2
Le *Cadre européen commun de référence pour les langues* et le *Portfolio européen des langues*,
deux outils pour enseigner une langue vivante et développer l'autonomie des élèves 53
Introduction : Le CECR et les programmes de langues vivantes 54
Chapitre 1 : Utiliser le CECR et le PEL pour conduire la classe 57
   1. Définir des priorités dans la construction des tâches communicatives 57
       1.1 Assurer la continuité entre classes et entre cycles d'enseignement 59
       1.2 Enrichir les moyens linguistiques disponibles 64
   2. Identifier les activités langagières mises en œuvre à travers les tâches 65
   3. Proposer un parcours cohérent à travers des tâches communicatives 67
       3.1 Permettre aux élèves de percevoir la pertinence des tâches pour leur progression ...71
       3.2 Créer un lien immédiat entre les situations de classe et les descripteurs du PEL ...74
       3.3 Aider les élèves à identifier leur réussite dans les tâches communicatives 77
   4. Aider les élèves à se fixer des objectifs dans l'apprentissage de la langue 78
   5. Limiter le recours à la langue nationale 81
   6. Élaborer une programmation à partir de tâches calibrées sur les niveaux du CECR ...82
Chapitre 2 : Comment évaluer les compétences en langue ? 90
   1. Construire un test d'évaluation en référence au CECR 90
   2. Évaluer la performance des élèves lors d'un test 97
   3. L'auto-évaluation et l'évaluation par le professeur 100
   4. Notation et niveaux de compétences 100
   5. Quand peut-on considérer qu'un élève a atteint un niveau de compétences ? 102
Chapitre 3 : Le PEL pour favoriser le plurilinguisme des élèves 104
   1. Comment le CECR définit-il le plurilinguisme ? 104
   2. Prendre en compte les autres apprentissages linguistiques 105
   3. Valoriser le plurilinguisme des élèves 117
Conclusion 126
Table de crédits 128

AVANT-PROPOS

Le *Cadre européen commun de référence pour les langues* (CECR) du Conseil de l'Europe est désormais systématiquement évoqué dès que l'on parle des langues vivantes. Ce document est cependant encore mal connu. Si les enseignants de langue ne s'approprient pas cet outil, la référence répétée au CECR risque de rester sans effet sur la réalité de l'enseignement et de l'évaluation. Les enseignants, et donc leurs élèves, ne pourraient pas en tirer tout le profit souhaitable. Bien plus même, le CECR, s'il était mal compris, pourrait devenir une source d'inquiétude.

L'apport du CECR pour les politiques linguistiques en Europe, dont les objectifs majeurs sont l'amélioration de la compétence de communication des Européens et la transparence dans les qualifications en langue, est évident. Cette double volonté, explicite au niveau politique local, national et européen, explique l'adoption très rapide et généralisée de l'échelle de niveaux de compétences du CECR. Le *Cadre* s'impose dans les pays européens comme l'outil essentiel pour la création d'un espace éducatif européen dans le domaine des langues vivantes. Il a également été adopté par l'Union européenne comme norme pour la définition des niveaux en langue. Le nouveau document *Europass*, présenté officiellement en janvier 2005, intègre le Passeport des langues du *Portfolio européen des langues* (PEL) et se réfère aux niveaux du CECR.

Mais autant l'intérêt de ce document pour l'élaboration des politiques linguistiques est évident, autant son apport pour la pratique quotidienne de l'enseignement des langues doit être encore explicité. Le titre complet, *Cadre européen commun de référence pour les langues : apprendre, enseigner, évaluer*, montre pourtant qu'il concerne tous les actes professionnels des professeurs de langue, et pas seulement, comme on le suppose généralement, l'évaluation des élèves.

Il est indispensable de clarifier d'emblée le rapport entre le *Cadre européen commun* et le *Portfolio européen des langues*. Sur le plan pédagogique, les deux sont indissociables : le CECR s'adresse aux responsables de l'enseignement des langues et le PEL est destiné aux apprenants eux-mêmes. Il s'agit uniquement d'un changement de perspective et non d'approche. Nous parlerons donc de l'un et de l'autre selon les situations évoquées.

Les objectifs de cet ouvrage sont
- de définir quelles sont les contributions du *Cadre* et du PEL à une rénovation de l'enseignement des langues vivantes ;
- d'illustrer le plus concrètement possible comment un enseignant de langue peut exploiter les ressources de ces outils ;
- et enfin de montrer que ces deux outils ne représentent pas une orientation fondamentalement différente dans la dynamique de l'enseignement des langues depuis plusieurs années mais qu'ils sont, bien plus, des leviers essentiels pour atteindre les objectifs qui sont déjà les nôtres.

De l'exposition des objectifs, il ressort que les développements qui suivent ne rendront pas compte de la richesse du CECR. Nous opérerons une sélection dans les contenus de ce document, en nous concentrant exclusivement sur ce qui est d'un intérêt immédiat pour l'intervention d'un professeur de langue dans son établissement et dans ses classes. Les choix auraient pu être différents si ce texte s'était adressé à des auteurs de matériaux pédagogiques, par exemple, ou à des responsables d'examens de langue.

Pour illustrer les propos, des extraits de manuels seront reproduits et commentés. Il s'agit, pour la plupart d'entre eux, d'ouvrages publiés par les Éditions Didier (Paris) pour des raisons de proximité avec les auteurs de cette maison et de facilité d'accès aux sources. Cela ne signifie évidemment pas que seuls ces ouvrages pourraient servir de support à une mise en œuvre des approches contenues dans le CECR ou le PEL. Il en va de même pour les langues présentes dans les extraits reproduits. Seules sept langues apparaissent, mais la portée du propos vaut bien évidemment pour toutes les langues enseignées, bien au-delà de ce choix très limité.

De nombreux exemples cités dans l'ouvrage portent sur l'enseignement des langues en France. Ils ont pour objectif d'illustrer le propos par une situation particulière, caractérisée par une volonté politique explicite de prise en compte du CECR dans l'organisation de cet enseignement et dans les pratiques pédagogiques.

Enfin, la finalité de cet ouvrage explique que, pour parler des apprenants en langue et des utilisateurs du PEL, le terme « élèves » soit ici systématiquement utilisé. Les professeurs de langue, auxquels ce texte s'adresse essentiellement, ont effectivement la responsabilité d'élèves. Mais il va de soi qu'aussi bien le CECR que le PEL ne sont pas limités à un public scolaire. Le Conseil de l'Europe s'adresse à tous les Européens, enfants, adolescents ou adultes. De la même façon et pour les mêmes raisons, le texte qui suit ne reprend qu'une partie des développements du CECR. Il ne peut se substituer à sa lecture.

S'engager dans l'utilisation du CECR et du PEL, c'est, pour un professeur de langue, se donner les moyens de ses ambitions : favoriser l'engagement des élèves dans l'apprentissage des langues, les doter des moyens de se fixer des objectifs et de développer leur autonomie, rendre les progrès en langues perceptibles, valoriser toute réussite, donner du sens aux apprentissages linguistiques. Le sens de ces apprentissages, c'est aussi – sinon essentiellement – la dimension européenne et l'ouverture internationale. Les enseignants qui, par milliers, consacrent tant d'efforts, de temps et d'énergie à la réalisation de partenariats, de projets avec des établissements étrangers, d'échanges et de séjours dans d'autres pays ont bien compris qu'il ne peut y avoir de véritable apprentissage des langues sans cette ouverture européenne et internationale.

Le CECR et le PEL permettent à ces professeurs d'intensifier cette dynamique, en inscrivant délibérément l'ensemble de la conduite de la classe, enseignement et évaluation, dans une perspective européenne.

NB : À l'occasion de cette nouvelle édition de l'ouvrage, quelques modifications ont été apportées à son contenu pour tenir compte de l'élargissement du cercle des lecteurs au-delà de la France (changement de quelques exemples et ouverture à d'autres langues, explication de certaines caractéristiques du système éducatif français, etc.). Ces modifications n'altèrent cependant en rien le propos, qui reste identique à celui des éditions antérieures.

LE CONSEIL DE L'EUROPE ET LES LANGUES VIVANTES

Pour comprendre la finalité du *Cadre européen commun de référence pour les langues* (CECR) et du *Portfolio européen des langues* (PEL), il faut avoir présentes à l'esprit les missions du Conseil de l'Europe. Cet organisme, dont le siège est à Strasbourg, mène ses activités en faveur de la diversité linguistique et de l'apprentissage des langues dans le cadre de la Convention culturelle européenne, ouverte à la signature le 1er décembre 1954. Il regroupe actuellement quarante-six États européens. Son action promeut des politiques visant à renforcer et à approfondir la compréhension mutuelle, à consolider la citoyenneté démocratique et à maintenir la cohésion sociale.

Depuis sa création, les langues vivantes ont joué un rôle important. Les projets antérieurs du Conseil de l'Europe consistaient à encourager l'acquisition d'un bon niveau de compétences communicatives pour permettre à tous de bénéficier des possibilités d'interaction et de mobilité en Europe. Depuis, de nouveaux défis ont été posés par la mondialisation et l'internationalisation. Désormais, les compétences linguistiques sont également nécessaires pour la cohésion sociale et l'intégration, ainsi que pour l'exercice de la citoyenneté démocratique par tous les citoyens dans les sociétés multilingues en Europe.

L'importance des langues vivantes dans la stratégie générale du Conseil de l'Europe se traduit notamment par l'existence de la Division des politiques linguistiques au siège du Conseil à Strasbourg (www.coe.int/lang) et du Centre européen pour les langues vivantes à Graz, en Autriche (www.ecml.at).

Les professeurs de langue connaissent bien certains apports du Conseil de l'Europe pour leur pratique quotidienne, notamment pour l'introduction de l'approche communicative dans les manuels de langue et dans les matériaux d'enseignement. Cet apport s'est concrétisé en particulier par la publication d'une série d'ouvrages, entre 1975 et 1990, qui faisaient l'inventaire des moyens linguistiques nécessaires pour pouvoir communiquer efficacement avec des locuteurs dans une autre langue : « Niveau seuil » pour le français, « Kontaktschwelle » pour l'allemand, « Nivel umbral » en espagnol, « Threshold level » en anglais, etc. Ces ouvrages ont contribué de façon décisive à l'introduction des énoncés fonctionnels liés à des tâches communicatives dans les programmes, dans les matériaux pédagogiques et dans les pratiques d'enseignement. Ils ont permis la distinction entre notions générales ou spécifiques et fonctions langagières, devenues des références incontournables.

Le *Cadre européen commun de référence pour les langues*

Le CECR est un document élaboré entre 1993 et 2000 par des experts rassemblés et dirigés par le Conseil de l'Europe. Il a été adopté officiellement après une très large consultation lors de l'Année européenne des langues en 2001.

Le CECR a été publié dans les deux langues officielles du Conseil de l'Europe, l'anglais (Cambridge University Press, 2001) et le français (Éditions Didier, 2001), puis traduit dans plus de trente langues européennes.

Ce n'est pas un document dogmatique ni prescriptif qui imposerait une façon d'enseigner les langues vivantes, des dispositifs d'enseignement spécifiques, des choix particuliers pour tous les États membres, dans toutes les institutions, pour tous les publics, pour toutes les langues.

Il se veut avant tout un outil descriptif qui permet aux acteurs de l'enseignement des langues dans ces différents contextes de s'interroger sur les choix qui sont les leurs ou ceux de l'institution dans laquelle ils exercent. Ces derniers peuvent, à l'aide du CECR, décrire et comparer leurs options didactiques, les objectifs qu'ils poursuivent dans leur enseignement et les résultats obtenus en termes de niveaux de compétences.

La finalité essentielle du CECR est de favoriser la transparence et la comparabilité des dispositifs d'enseignement des langues et des qualifications en langue.

Dans ce but, il propose :
– une méthodologie commune pour analyser et décrire les situations et les choix effectués pour l'enseignement et l'apprentissage des langues,
– une terminologie commune à toutes les langues et à tous les contextes éducatifs,
– une échelle commune de niveaux de compétences en langue pour aider à la fixation des objectifs et à l'évaluation des résultats de l'apprentissage.

Le CECR développe une approche actionnelle qui fait reposer l'enseignement et l'apprentissage des langues sur la réalisation de tâches communicatives et sur les activités de communication langagières.

Le *Portfolio européen des langues*

Lancé, comme le CECR, officiellement en 2001, après un projet pilote mené dans quinze pays européens, le PEL est en quelque sorte la mise à disposition des apprenants en langue de l'approche et des outils proposés par le CECR.

Le PEL est la propriété de l'apprenant, donc de l'élève, de l'apprenti ou de l'étudiant. Il l'accompagne tout au long de son cursus, du moins jusqu'à son passage dans un cycle d'études ou de formation qui rendrait le changement de modèle de PEL souhaitable ou nécessaire (passage de l'école primaire au collège, du collège au lycée, …).

À l'aide du PEL, l'utilisateur
– fait le point sur toutes ses compétences en langues, sur ses expériences dans l'utilisation de ses différentes langues, ses séjours dans d'autres pays ou régions, ses contacts avec des locuteurs d'autres langues que sa ou ses langues maternelles, de façon à pouvoir les présenter à un interlocuteur ;

– développe son autonomie dans l'apprentissage des langues, notamment en réfléchissant sur ses démarches et en apprenant à s'auto-évaluer ;
– progresse vers un véritable plurilinguisme.

Tout PEL comprend trois parties :
– un Passeport de langues, dans lequel l'utilisateur porte notamment des informations sur son niveau dans toutes les langues qu'il connaît ou apprend,
– une Biographie langagière favorisant la réflexion sur l'apprentissage et l'auto-évaluation,
– un Dossier dans lequel sont rassemblés les pièces et documents pouvant attester les niveaux mentionnés et les expériences citées.

Les PEL sont différents selon les pays et les contextes éducatifs. Ils ont cependant tous été obligatoirement examinés par un comité européen de validation, qui leur a affecté un numéro d'accréditation. De cette façon, au-delà de leur diversité, ils conservent leur caractère européen, condition de leur reconnaissance pour une utilisation éventuelle dans un autre contexte ou au-delà des frontières, lors d'un changement de résidence, lors d'un cursus d'études dans une autre région ou un autre pays, …

En France, par exemple, trois modèles de PEL sont, en 2006, validés :
– *Mon Premier Portfolio*, destiné à l'école primaire (numéro d'accréditation 2-2000), élaboré par le CIEP ;
– *PEL collège* (numéro d'accréditation 44.2003), élaboré par des experts du CIEP et des chercheurs de l'ENS de Lettres et Sciences humaines ;
– *PEL 15 ans et +* (numéro d'accréditation à venir), publié par le CRDP de Basse-Normandie et les Éditions Didier.

Le Conseil de l'Europe met à la disposition des enseignants une série de guides et d'exemples d'utilisation, dont certains sont disponibles sur le site consacré au PEL (www.coe.int/portfolio). Nous en citerons deux, très utiles pour la mise en œuvre de cet outil, publiés par les Éditions du Conseil de l'Europe :
– *Portfolio européen des langues : Guide à l'usage des enseignants et formateurs d'enseignants* (par David Little et Radka Perclová), publié en janvier 2001 ;
– *Mise en œuvre du Portfolio européen des langues : neuf exemples* (publié sous la direction de David Little).

Le Conseil de l'Europe et les langues vivantes 7

PARTIE 1

**Le *Cadre européen commun*
de référence pour les langues
et
le *Portfolio européen des langues*,**

deux outils pour décrire et analyser les matériaux
et les démarches pédagogiques

INTRODUCTION

POURQUOI UNE GRILLE D'ANALYSE ET DES CATÉGORIES COMMUNES ?

Le CECR ouvre une nouvelle ère dans l'histoire de l'enseignement des langues vivantes en Europe, dans la mesure où il s'agit du **premier outil de politique linguistique véritablement transversal à toutes les langues vivantes.** Rappelons que les « niveaux seuils », édités de 1975 à 1990, étaient certes élaborés sur la base d'une vision commune de l'apprentissage et de l'utilisation des langues, mais qu'ils étaient tous consacrés à une langue spécifique.

L'édition du CECR dans une langue particulière n'est pas destinée aux enseignants de cette langue mais à ceux dont c'est la langue maternelle. Par exemple, l'édition française du CECR s'adresse bien aux professeurs d'allemand, d'anglais, d'arabe, de basque, de berbère, de breton, de catalan, de chinois, de corse, des dialectes alsacien ou mosellan, d'espagnol, d'hébreu, d'italien, de néerlandais, d'occitan, de portugais, de provençal, de russe, de turc, etc., exerçant en France, ou aux professeurs de français langue étrangère. Bien évidemment, un enseignant peut souhaiter posséder ou consulter la version du CECR dans la langue qu'il enseigne. Il pourra ainsi s'imprégner du lexique utilisé dans cette langue et disposer de descriptions d'activités ou de niveaux de compétences rédigées dans cette langue régionale ou étrangère, utilisables directement dans le cadre de son enseignement. Mais l'utilisation la plus naturelle du CECR par un professeur de langue, ou un formateur, reposera sur la version du document dans sa langue maternelle, dans la langue nationale ou dans la langue utilisée par la communauté éducative dans laquelle il exerce.

Le premier apport du CECR est la définition d'une méthodologie de description et d'analyse d'une situation d'apprentissage ou d'enseignement d'une langue vivante. Cela passe nécessairement par le choix d'une terminologie.

Encore une…, diront certains.

Les enseignants de langue savent l'importance de la terminologie. Ils sont témoins des difficultés des élèves à mettre en relation, du fait d'une terminologie différente, des phénomènes grammaticaux dans une langue étrangère et en langue maternelle, voire dans les différentes langues qu'ils apprennent. Ce constat n'a cependant jamais suffi pour que l'on parvienne vraiment à unifier ou même à rapprocher sensiblement les terminologies utilisées. La terminologie est en effet étroitement liée à l'analyse du système de chaque langue. Elle dépend de l'approche linguistique adoptée dans les manuels ou dans l'enseignement dispensé. Elle n'est jamais un jeu d'étiquettes qui seraient transférables telles quelles d'une langue à l'autre.

Dans un autre domaine, l'évolution de la didactique des langues vivantes a été constamment marquée par l'apparition de nouveaux termes. Ces termes n'ont jamais été des moyens de nommer autrement les mêmes actes pédagogiques mais ils représentent bien les traces perceptibles d'avancées dans la réflexion didactique et des repères dans une pratique en évolution.

La terminologie introduite dans les programmes de langue de certains pays, comme par exemple les programmes pour le collège adoptés en France en 2005, reprend souvent celle du CECR. Or, l'emploi des termes choisis n'est pas laissé au hasard. Ces termes utilisés constituent dans leur cohérence une approche spécifique de l'apprentissage/enseignement des langues vivantes. Il est indispensable que tout professeur de langue puisse identifier avec précision ce que recouvrent ces évolutions terminologiques. Il pourra ainsi en comprendre les enjeux et participer activement à la réflexion en cours dans la discipline.

En proposant aux États membres ce CECR, le Conseil de l'Europe fournit un outil majeur pour la transparence, la compréhension mutuelle et la comparabilité des dispositifs pédagogiques, mais également des qualifications en langue. C'est le rôle de l'échelle de niveaux de compétences en langue dont nous verrons les potentialités pour tout enseignant de langue.

L'un des objectifs du CECR est de susciter les réflexions des professionnels de l'enseignement des langues vivantes sur leurs pratiques. L'approche proposée doit leur permettre de rendre compte des expériences, des matériels ou des démarches pédagogiques. Ainsi, des enseignants de diverses langues et de cultures ou de pays différents pourront se comprendre et comparer leurs choix didactiques. Ce langage commun entre professeurs de langue, de contextes de formation ou de pays différents, est à même de favoriser les échanges, les comparaisons, les débats et l'enrichissement réciproque. La démarche d'analyse peut et doit s'effectuer dans le plus grand respect des choix de chacun, des traditions et de la spécificité de chaque langue concernée ainsi que de la particularité des situations d'enseignement.

Chacun verra l'intérêt de cet outil pour avancer vers un travail en équipe entre professeurs de différentes langues dans un même établissement.

CHAPITRE 1

NOTIONS ESSENTIELLES POUR DÉCRIRE UN COURS DE LANGUE

Le CECR est un document complet. Il cherche à rendre compte, de façon cohérente, d'un très grand nombre de situations d'enseignement et d'apprentissage des langues ainsi que de la plus grande partie des problématiques qui traversent cette discipline. Cette ambition a pour conséquence la complexité de certains développements.

Il va de soi que tout professeur de langue, et tout formateur, légitimement désireux de participer aux débats dans ce domaine et de mesurer les enjeux des choix et des décisions pédagogiques, aura intérêt à se reporter à ce document et à se laisser guider par les développements et les questions posées dans chaque partie du CECR. Mais il est également compréhensible qu'un lecteur soit en difficulté à la première lecture du CECR devant le nombre de notions introduites et les explications détaillées données dans les différents chapitres. L'appropriation du CECR suppose qu'on en fasse plusieurs lectures, échelonnées dans le temps, en sélectionnant certaines parties selon les besoins et les intérêts de chacun.

Pour faciliter l'entrée dans la lecture, nous présenterons ci-dessous quelques-uns des paramètres retenus par le CECR et un nombre limité de notions, choisis pour leur évidence dans l'expérience quotidienne d'un professeur de langue. Pour illustrer le propos, nous introduirons ces différents concepts et la terminologie proposée (imprimés en caractères gras dans la suite du texte), à l'occasion de la brève analyse d'un extrait d'un manuel de français langue étrangère.

Ce chapitre se contentera d'exposer les termes qui paraissent essentiels pour les situations d'enseignement. Les conséquences pratiques de ces définitions seront examinées dans les chapitres suivants.

Cette double page du manuel de français langue étrangère, choisie au hasard, se trouve à la fin de la dixième unité pédagogique sur les douze que comporte l'ouvrage. Les pages reproduites sont précédées, dans le manuel, de plusieurs activités et exercices sur l'expression du passé, introduisant l'utilisation de l'imparfait.

1. Importance du contexte d'usage du matériel pédagogique

Ce contexte est donné par l'avant-propos du manuel. Les usagers ciblés sont des grands adolescents ou des adultes ne disposant, pour l'apprentissage du français, que de soixante heures de formation en présentiel (contrainte de temps très forte). Ainsi, on peut expliquer la limitation du contenu de ce manuel à trois parties de quatre unités chacune, avec des objectifs complexes mais restreints en nombre (demander et donner de l'information ; réagir, interagir ; parler de soi et de son vécu).

Script de
l'enregistrement
(annexe)

Comme pour tout manuel qui n'est pas destiné à un public institutionnel spécifique, il n'est pas possible de définir avec précision les besoins des utilisateurs de la méthode. Mais il est évident que, dans le cas d'une formation courte pour adultes ou grands adolescents, les centres d'intérêt porteront sur la vie privée ou sur des actions habituelles de la vie sociale (domaines personnel et public).

Bref, **l'analyse du contexte d'usage** du manuel permet de dégager quelques informations majeures pour comprendre et apprécier les choix effectués. Ces choix doivent être reliés aux caractéristiques des utilisateurs, aux contraintes spécifiques et à leurs besoins d'utilisation de la langue **(domaines personnel, public, professionnel ou éducatif).**

On en trouve les conséquences immédiates dans les deux pages reproduites. Le contenu et les activités ont trait au **domaine personnel** (besoins individuels et interactions entre individus). **Les situations extérieures** relèvent exclusivement de ce domaine : les lieux sont la maison et l'hôtel, les événements sont liés aux vacances, et les préoccupations restent limitées aux gestes de la vie quotidienne. **Les thèmes** retenus pour les actes de communication sont la maison et l'environnement (mobilier, agencement de la chambre et de la maison, services, …), la nourriture et la boisson.

Les tâches communicatives sont, elles aussi, en relation avec le domaine personnel : téléphoner à un ami, téléphoner au propriétaire d'une maison en location, se plaindre d'une location, lire une petite annonce, commenter la qualité d'un séjour de vacances.

Enfin, le manuel a, dans cette double page, recours à des textes et à des exercices. **Les textes** sont ici un support oral enregistré (conversation téléphonique), un texte écrit (petite annonce), un texte oral élaboré par les apprenants (conversation téléphonique), un texte écrit produit par les apprenants (courrier de vacances) avec une amorce imposée et l'indication du contenu attendu de cette lettre. Il ne s'agit pas de documents authentiques ; ils sont d'évidence tous rédigés à des fins pédagogiques.

On aura remarqué au passage que, dans la terminologie du CECR, on entend par texte « toute **séquence discursive orale ou écrite** que les usagers/apprenants reçoivent, produisent ou échangent » (CECR, page 75). On parlera donc de texte pour un document oral ou écrit, utilisé avec les élèves ou produit avec eux, y compris des dialogues, à la condition que les énoncés qui les composent forment un ensemble.

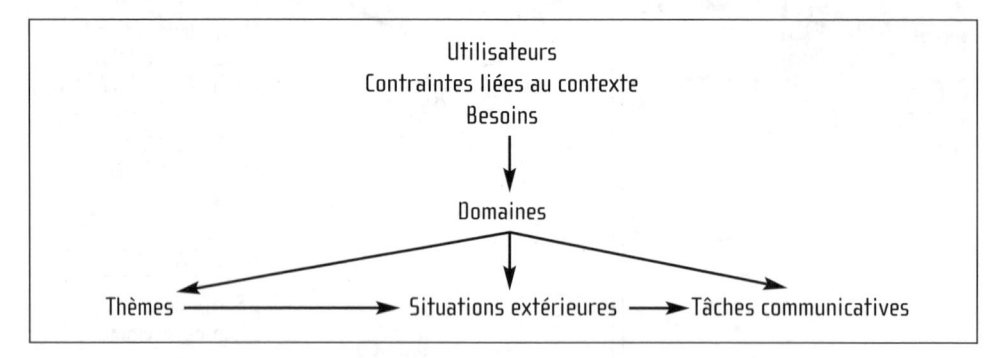

```
                    Utilisateurs
              Contraintes liées au contexte
                      Besoins
                         ↓
                      Domaines
                         ↓
   Thèmes ──────→ Situations extérieures ──────→ Tâches communicatives
```

Que peut en retenir un professeur de langue ?

La réflexion sur une séquence ou un matériel pédagogiques doit passer par la question des contraintes de l'enseignement dispensé et par une interrogation sur les besoins des élèves ou des étudiants. Ces paramètres sont trop souvent considérés à tort comme des évidences.

Les situations pédagogiques que nous connaissons dans nos classes sont en général fondamentalement différentes du contexte d'usage de ce manuel de français langue étrangère. Nous avons peu souvent affaire à des adultes, et nos élèves disposent de plus de temps pour l'apprentissage de la langue. Leurs besoins ne se limitent pas aux domaines personnels, ni même au seul domaine professionnel, dans le cas des formations professionnelles. Les contenus culturels des programmes de langue vivante créent le besoin de traiter à la fois des thèmes relevant du domaine personnel et du domaine public (organisation et fonctionnement de la société, relations interpersonnelles dans un cadre social déterminé, repères culturels importants, débats dans un pays, etc.) avec, bien évidemment, une pondération différente entre ces domaines selon le moment du cursus et le projet personnel des élèves.

De plus, dans les filières d'enseignement bilingue, dans les dispositifs d'intégration de l'apprentissage des langues et de l'enseignement d'autres disciplines ou pour les classes préparant à des diplômes binationaux, les besoins des élèves relèvent également du domaine académique.

Les professeurs de langue trouveront dans le CECR des tableaux précisant pour chaque domaine des exemples de thèmes et de situations extérieures adaptés.

On remarquera que l'approche du CECR n'exclut pas les contenus culturels. Ceux-ci sont pleinement intégrés dans les paramètres de l'analyse d'une situation pédagogique. La place que l'enseignement des langues vivantes dans le système éducatif de nombreux pays accorde à ces contenus culturels à l'école primaire, au collège et au lycée est motivée par le rôle particulier de cette discipline scolaire dans la formation générale des élèves. Elle est également l'affirmation que l'apprentissage d'une langue ne peut s'effectuer sans découverte de la culture et de la civilisation des pays dont on apprend la langue. Cette conviction n'est aucunement contradictoire avec l'approche du Conseil de l'Europe, qui affirme notamment, dès le début du CECR, la nécessité de prendre en compte le caractère social de tout locuteur. Il est évident que la description d'une situation ou d'un matériel d'enseignement devra nécessairement et amplement tenir compte de ces contenus.

2. Qu'entend-on, dans le CECR, par « compétences » ?

Le CECR distingue les compétences générales individuelles (savoir, savoir-faire, savoir-être) et la compétence communicative.

2.1. Les compétences générales individuelles

Les compétences générales individuelles des utilisateurs de ce manuel de français langue étrangère sont visiblement supposées être assez élevées, tant en ce qui concerne **le savoir** sur le monde (connaissance présupposée des droits et devoirs des locataires et des propriétaires, …), **le savoir-faire** (le manuel suppose que les utilisateurs savent exposer une plainte, …) et **le savoir-être** (on attend des utilisateurs qu'ils se livrent à un jeu de rôle entre le locataire et le propriétaire de la maison, ce qui nécessite une aptitude à la prise de risque et une attitude de coopération entre les apprenants). Ces prérequis sont, bien entendu, à mettre en relation directe avec les caractéristiques des utilisateurs (contexte d'usage du manuel).

Si l'on interroge le contenu de ces pages sous l'angle de la transmission d'un **savoir socioculturel** lié à l'apprentissage du français, on voit que sont abordés la possibilité de louer une maison au bord de la mer pendant l'été, les prix pratiqués, les éléments de confort généralement recherchés, la difficulté à joindre les gens pendant le mois d'août (mois traditionnel de départ en congés) et peut-être, hélas ! les arnaques d'un grand nombre de locations de vacances contre lesquelles il est sans doute utile de mettre en garde les futurs touristes. Ce dernier point est, il est vrai, compensé par le tableau idyllique du séjour à l'hôtel.

2.2. La compétence communicative

Le développement de **la compétence communicative** est recherché dans cette double page par un travail sur trois de ses composantes :

a) La composante linguistique, c'est-à-dire
- **une compétence grammaticale :** l'apprentissage de la formation de l'imparfait et l'utilisation de ce temps à l'occasion de tâches de communication imposant

Notions essentielles pour décrire un cours de langue 15

son emploi (expression du mécontentement dû aux désagréments permanents subis le mois précédent ; compte rendu par écrit des conditions de séjour pendant les vacances qui viennent de s'écouler) ;

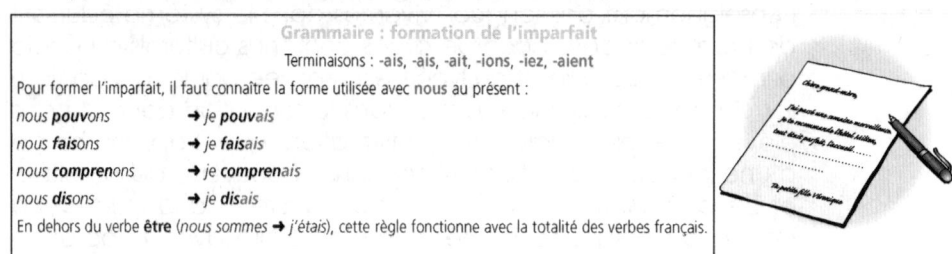

Grammaire : formation de l'imparfait

Terminaisons : -ais, -ais, -ait, -ions, -iez, -aient

Pour former l'imparfait, il faut connaître la forme utilisée avec nous au présent :

nous **pouvons**	→ je **pouv**ais
nous **faisons**	→ je **fais**ais
nous **comprenons**	→ je **compren**ais
nous **disons**	→ je **dis**ais

En dehors du verbe **être** (*nous sommes* → *j'étais*), cette règle fonctionne avec la totalité des verbes français.

– **des compétences phonologique** et **orthographique** : la relation entre phonie et graphie d'un son en finale ;

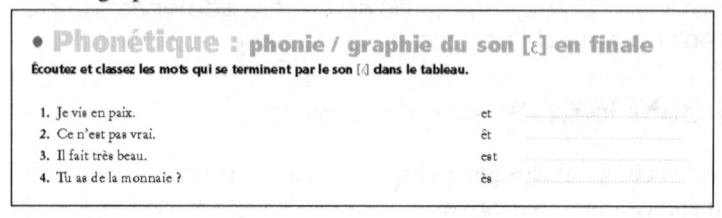

• Phonétique : phonie / graphie du son [ɛ] en finale

Écoutez et classez les mots qui se terminent par le son [ɛ] dans le tableau.

1. Je vis en paix.
2. Ce n'est pas vrai.
3. Il fait très beau.
4. Tu as de la monnaie ?

et	êt	est	ès

– **une compétence lexicale** : ici, par le biais des aides fournies pour la tâche d'expression écrite, sans donner lieu toutefois à un enrichissement spécifique.

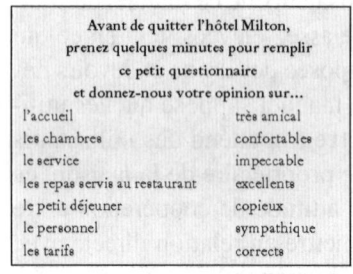

Avant de quitter l'hôtel Milton, prenez quelques minutes pour remplir ce petit questionnaire et donnez-nous votre opinion sur...

l'accueil	très amical
les chambres	confortables
le service	impeccable
les repas servis au restaurant	excellents
le petit déjeuner	copieux
le personnel	sympathique
les tarifs	corrects

b) La composante sociolinguistique

Les deux textes (le dialogue entendu et le dialogue produit par les utilisateurs) sont l'occasion d'un apprentissage des règles de politesse lors de la prise de contact par téléphone avec un ami ou avec une personne inconnue. La tâche de production écrite, quant à elle, présente à l'utilisateur les règles de rédaction d'un courrier personnel adressé à une personne très proche.

« La compétence sociolinguistique porte sur la connaissance et les habiletés exigées pour faire fonctionner la langue dans sa dimension sociale […], marqueurs des relations sociales, règles de politesse, expressions de la sagesse populaire, différences de registre, dialecte et accent » (CECR, page 93).

c) La composante pragmatique

Sans faire l'objet d'un travail réfléchi dans cette double page, cette composante est présente au moins à deux reprises : cohésion d'un texte écrit composé d'énoncés courts juxtaposés ; recours à des modèles d'échanges verbaux simples.

« La compétence pragmatique traite de la connaissance que l'utilisateur/l'apprenant a des principes selon lesquels les messages sont :
  a. organisés, structurés et adaptés (compétence discursive)
  b. utilisés pour la réalisation de fonctions communicatives (compétence fonctionnelle)
  c. segmentés selon des schémas interactionnels et transactionnels (compétence de conception schématique) » (CECR, page 96).

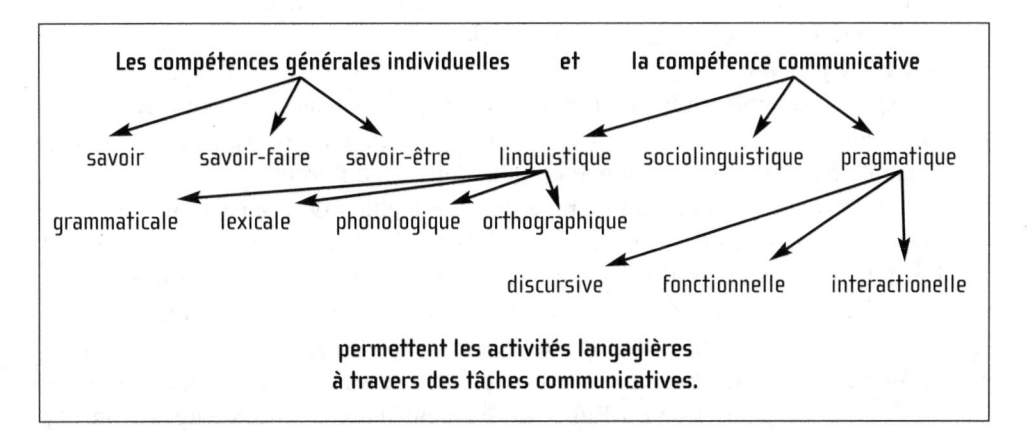

```
       Les compétences générales individuelles     et      la compétence communicative

    savoir   savoir-faire   savoir-être   linguistique   sociolinguistique   pragmatique

  grammaticale   lexicale   phonologique   orthographique

                                        discursive   fonctionnelle   interactionelle

                     permettent les activités langagières
                     à travers des tâches communicatives.
```

Que peut en retenir un professeur de langue ?

Contrairement à une idée répandue, l'approche communicative développée dans le CECR n'est pas conçue comme l'apprentissage successif de réponses langagières à des besoins identifiables et évaluables.

La réussite dans les activités de compréhension ou d'expression, à travers des tâches communicatives, dépend étroitement du développement des compétences qui doit constituer le fil conducteur de la progression.

L'intérêt du CECR est de nous rappeler que les compétences sont diverses et contribuent toutes à la réussite des élèves.

Le professeur de langue pourra donc interroger sa pratique et ses matériaux pédagogiques de la façon suivante :

– Quelle est la contribution au développement des compétences générales individuelles des élèves ? Par exemple, dans quelle mesure les formes sociales de travail, les tâches demandées et la pratique de correction/évaluation favorisent-elles la prise de risque des élèves dans l'expression orale ou écrite, composante essentielle du savoir-être pour pouvoir progresser en langue vivante ?

– Les activités mises en place permettent-elles réellement une amélioration de la compétence communicative dans ses différentes composantes ?

– Le développement de la compétence communicative intègre-t-il par exemple, de façon conséquente, les composantes sociolinguistique et pragmatique ?

Notions essentielles pour décrire un cours de langue

3. Les activités langagières au centre de l'analyse d'une démarche d'enseignement

Les activités langagières essentielles sont :
– la compréhension de l'oral ;
– la compréhension de l'écrit ;
– l'expression orale en interaction (en situation de dialogue) ;
– l'expression orale en continu (description, exposé, récit, …) ;
– l'expression écrite (compte rendu, article, …).
Le CECR y ajoute :
– l'expression écrite en interaction (échanges par courrier électronique, …) ;
– la médiation par un même locuteur entre deux langues ou entre deux interlocuteurs parlant la même langue ou deux langues différentes.

L'apprentissage de la langue s'opère dans ce manuel de français langue étrangère par une succession d'**activités langagières** : d'abord compréhension de l'oral par l'écoute d'une conversation téléphonique enregistrée, puis interaction orale lors de la production d'un dialogue, sur le même sujet mais entre des interlocuteurs différents, compréhension écrite d'une petite annonce décrivant un logement à louer, production écrite sous la forme d'une lettre de vacances. Certaines activités langagières ne font pas l'objet d'un entraînement dans ces deux pages : on n'y trouve pas, entre autres, d'activité de médiation entre les langues ou entre plusieurs personnes (transmission à un tiers d'une information recueillie, traduction, reformulation d'une information dans une autre langue, etc.) ni de production orale en continu (récit d'événements, …).

Chacune des activités langagières présentes est autonome dans sa mise en œuvre. Par exemple, le manuel ne suggère pas de commenter oralement le contenu de la conversation téléphonique entendue, ce qui aurait créé une combinaison, et donc une interdépendance, entre les activités de compréhension et de production. L'entraînement à ces activités langagières de réception et de production s'effectue ici au moyen de **tâches spécifiques**, même si le lien entre ces tâches est évident en ce qui concerne les schémas interactionnels (les deux dialogues téléphoniques portent sur le même sujet), le lexique mobilisé et les aspects linguistiques induits par les consignes et les situations de parole.

Les tâches sont accompagnées d'**aides extérieures** : le contenu du premier dialogue fonctionne comme guide pour la production du second dialogue, réduisant ainsi la difficulté de la tâche ; une aide linguistique importante est présente grâce aux indications données sur la formation de l'imparfait, au lexique rappelé dans la petite annonce imprimée ou au lexique imposé pour la réalisation de la tâche de production écrite, …) ; de plus, facteur d'aide importante, la prévisibilité du déroulement des tâches est très forte.

Les **contraintes** qui accroissent la difficulté de la tâche de production orale en interaction ne sont cependant pas négligeables (« Imaginez la conversation entre Jean-Louis et le propriétaire de la maison à son retour de vacances »). Les deux rôles ne sont pas d'une difficulté égale ; si le rôle du locataire peut s'appuyer explicitement sur les aides citées, celui du propriétaire ne fait l'objet d'aucune aide, et sa réussite aura des incidences importantes sur le déroulement du dialogue.

Certaines des tâches demandées encouragent la mise en œuvre de **stratégies** par les utilisateurs. Ceux-ci mobilisent en effet des connaissances, un savoir-faire et des compétences pour effectuer ces tâches. Prenons deux exemples de stratégies :
- **préparation** de l'écoute du dialogue par la lecture de l'annonce imprimée et **exécution** de cette tâche de compréhension du texte oral en s'aidant de la liste des éléments de confort cités dans cette annonce ;
- **planification** de la tâche de production orale à l'aide de notes prises lors de l'audition du dialogue et **exécution** de la tâche en suivant point par point ces notes. Le **contrôle** de l'exécution du jeu de rôle pourra s'effectuer en référence au contenu de l'annonce.

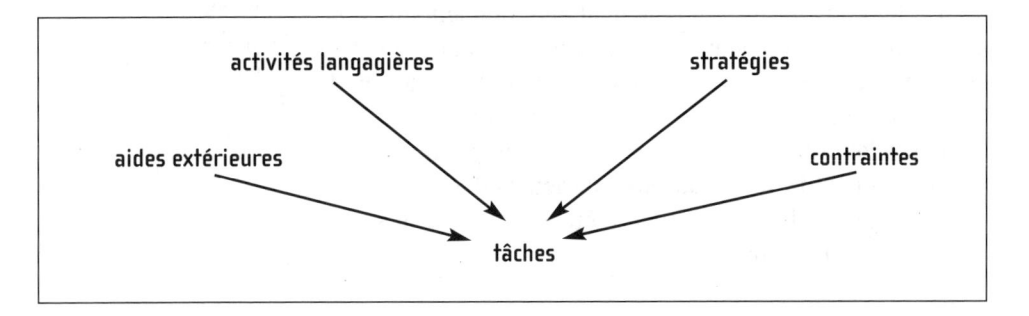

```
        activités langagières            stratégies


aides extérieures                              contraintes


                         tâches
```

▶ Que peut en retenir un professeur de langue ?

La distinction apportée dans le CECR entre les compétences, les activités langagières et les tâches communicatives devrait aider le professeur de langue :
– à bien percevoir la relation entre compétences et activités ; seules les activités de compréhension, d'expression ou de médiation permettent l'activation et l'évaluation des compétences ;
– à distinguer parmi les activités langagières d'expression, en particulier à l'oral, les situations d'interaction et de parole en continu (dans les contenus, les formes sociales de travail, les tâches, les critères d'évaluation) ;
– à analyser les combinaisons existantes entre ces différentes activités dans les tâches qu'il demande à ses élèves ;
– à prêter attention au développement de stratégies nécessaires pour effectuer des tâches qui ne sont pas routinières.

À en juger d'après cette double page, la construction de ce manuel de français langue étrangère est en grande partie déterminée par une progression linguistique et par un entraînement équilibré aux différentes activités langagières. Les thèmes traités et les tâches communicatives mises en œuvre dans ce cours cherchent à répondre aux besoins prévisibles d'un public adulte ayant peu de temps à consacrer à cet apprentissage.

Pour résumer

Il est fort peu probable que la lecture de cette description aura permis à tous les lecteurs de retenir la terminologie et les catégories proposées par le CECR. Elles seront de nouveau utilisées lors de la description d'extraits d'autres manuels dans les chapitres suivants.

L'important ici est de noter

➢ que les contenus d'enseignement entretiennent une relation étroite avec le contexte (caractéristiques et besoins des destinataires de cet enseignement, contexte matériel de l'apprentissage, ...) et peuvent être décrits en précisant les domaines abordés dans le cours (personnel, public, professionnel, éducatif), les situations extérieures dans lesquelles les tâches sont demandées, les thèmes traités et le savoir socioculturel transmis ;

Contexte
Domaines
Situations extérieures
Thèmes

➢ que le CECR distingue compétences générales individuelles et compétence communicative, et que cette dernière se décompose en compétences linguistique, sociolinguistique et pragmatique ;

Compétences générales individuelles
Compétence communicative :
- linguistique
- sociolinguistique
- pragmatique

➢ que les activités langagières sont distinctes selon qu'elles concernent la réception ou la production et, pour les activités de production, selon qu'elles se déroulent en interaction ou en continu ;

Activités langagières (écrites et orales) :
- compréhension
- production
- médiation

➢ que la réalisation de tâches communicatives nécessite des stratégies qui doivent être développées au même titre que les compétences.

Tâches communicatives
Stratégies

CHAPITRE 2

L'APPROCHE ACTIONNELLE DANS L'APPRENTISSAGE DES LANGUES VIVANTES

Le CECR affirme avec force qu'il n'est pas prescriptif. Il ne recommande pas l'adoption d'une école linguistique particulière ou d'une démarche d'enseignement des langues vivantes spécifique.

Mais nous savons tous aussi que l'adoption d'une grille d'analyse ou d'une terminologie n'est pas neutre. Elle induit naturellement une conception particulière de l'enseignement et de l'apprentissage. La distinction introduite par le CECR entre les différentes activités langagières (compréhension et expression à l'oral et à l'écrit, médiation) induit nécessairement l'intérêt d'une telle distinction dans l'apprentissage, l'entraînement et l'évaluation.

1. Qu'est-ce qu'une tâche communicative ?

Nous examinerons dans ce chapitre l'un des aspects essentiels de la conception de l'apprentissage qui sous-tend le CECR, à savoir « l'approche actionnelle » de l'apprentissage et de l'enseignement des langues vivantes.

Cette « approche actionnelle » identifie les usagers d'une langue (et les apprenants) comme « acteurs sociaux ayant à accomplir des tâches […] dans des circonstances et un environnement donnés, à l'intérieur d'un domaine d'action particulier » (CECR, page 15).

« **Est définie comme tâche** toute visée actionnelle que l'acteur se représente comme devant parvenir à un résultat donné en fonction d'un problème à résoudre, d'une obligation à remplir, d'un but qu'on s'est fixé » (CECR, page 16).

On retrouve ici la cohérence des notions exposées dans le chapitre 1. Le regard porté par le CECR sur l'enseignement et l'apprentissage des langues privilégie les tâches mettant en œuvre une ou plusieurs activités langagières, pour lesquelles l'acteur social mobilise, selon des stratégies acquises, ses compétences générales individuelles (savoir sur le monde et savoir socioculturel, comportement, etc.) et sa compétence communicative (linguistique, sociolinguistique et pragmatique).

Il est important pour nous de retenir **qu'il n'y a tâche que si l'action est motivée par un objectif ou un besoin,** personnel ou suscité par la situation d'apprentissage, si les élèves perçoivent clairement l'objectif poursuivi **et si cette action donne lieu à un résultat identifiable.** On pense bien entendu immédiatement à la pédagogie de projet, qui est certainement la forme la plus aboutie d'une démarche actionnelle. Mais cette place centrale donnée à la tâche communicative concerne tous les actes pédagogiques.

Comparons les deux extraits du même chapitre d'un manuel d'espagnol, reproduits ci-dessous.

> Écoute la description de la place. Le dessinateur a fait sept erreurs en la dessinant. Repère-les.
> Réécoute la description et note les différences sur ton cahier de brouillon. Si tu sais dessiner, représente la place en respectant les indications données dans l'enregistrement.

4 Escucha las palabras y apunta las que tienen el sonido «ch».

Dans les deux cas, nous avons affaire à une activité de réception de messages oraux. Mais l'analogie s'arrête ici.

On voit sans difficulté que le second extrait ne présente pas les caractéristiques d'une tâche communicative. Il y a bien une action demandée aux élèves (cocher une liste de mots) mais celle-ci porte exclusivement sur la forme. On ne perçoit pas de mise en situation susceptible de créer chez les élèves le besoin de repérer le son indiqué dans les phrases entendues.

En revanche, pour le premier extrait, on peut effectivement parler de tâche dans la mesure où l'objectif prend appui sur le sens des énoncés entendus et où la consigne s'apparente à une activité bien connue, susceptible de mobiliser les élèves. De même, le résultat a évidemment plus de sens communicatif que dans le second extrait, puisqu'il s'agit de modifier le dessin pour le rendre conforme aux indications entendues.

Ces précisions ne surprendront aucun professeur de langue vivante et nous trouvons déjà de nombreux exemples de tâches communicatives réussies dans les manuels dont les enseignants disposent. Nous nous bornerons à six exemples, de l'école primaire à la fin de l'enseignement secondaire.

2. Exemples de tâches dans les manuels de langues vivantes

On peut ici, sans hésiter, parler de tâche dans la mesure où le résultat est identifiable (lettre au Père Noël), où la situation est précise (le destinataire est connu et l'auteur de la lettre parle en son propre nom). Les élèves sont invités ici à rédiger une véritable lettre qui pourrait tout à fait être postée.

Même si cette tâche sera perçue avec humour et distance par le plus grand nombre des élèves de cet âge, la lettre au Père Noël est une réalité culturelle.

La situation est plausible et les conversations téléphoniques à produire sont motivées par le sens. Il s'agit de s'assurer de l'identité de la personne contactée, de vérifier qu'il s'agit bien du propriétaire de l'objet perdu et de se mettre d'accord sur la modalité de restitution de cet objet.

Le résultat, même s'il ne débouche pas sur une production écrite, est bien identifiable.

L'approche actionnelle dans l'apprentissage des langues vivantes 23

> **ROLE PLAY: ARGUE YOUR CASE!**
>
> You are a senior student in an American high school. You have a social studies project in which you must generate at least 5 suggestions for reducing or avoiding violence. You discuss your ideas with a classmate who has different views on the subject. Both of you want to prevent gun violence but you do not agree on the ways to reduce it.
>
> 1. **Decide on a role:**
>   - You are pro-gun. You are an NRA supporter.
>   - You are anti-gun. You want more gun control.
> 2. **Prepare your arguments.**
>   Select a few examples to illustrate them.
> 3. **Act out your role.**

Les élèves sont invités à participer à un débat réel sur un thème d'actualité. Le résultat des échanges est ouvert et dépendra de la réalisation de la tâche par chacun des élèves. Ceux-ci peuvent, à l'occasion du choix des rôles, défendre leur position personnelle ou jouer un rôle imposé. Dans tous les cas, ils devront tenir compte, pour réaliser la tâche, de leur interlocuteur.

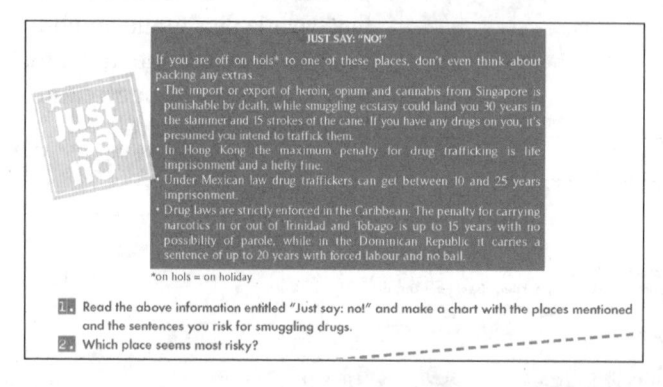

> **JUST SAY: "NO!"**
> If you are off on hols* to one of these places, don't even think about packing any extras.
> - The import or export of heroin, opium and cannabis from Singapore is punishable by death, while smuggling ecstasy could land you 30 years in the slammer and 15 strokes of the cane. If you have any drugs on you, it's presumed you intend to traffick them.
> - In Hong Kong the maximum penalty for drug trafficking is life imprisonment and a hefty fine.
> - Under Mexican law drug traffickers can get between 10 and 25 years imprisonment.
> - Drug Laws are strictly enforced in the Caribbean. The penalty for carrying narcotics in or out of Trinidad and Tobago is up to 15 years with no possibility of parole, while in the Dominican Republic it carries a sentence of up to 20 years with forced labour and no bail.
>
> *on hols = on holiday
>
> 1. Read the above information entitled "Just say: no!" and make a chart with the places mentioned and the sentences you risk for smuggling drugs.
> 2. Which place seems most risky?

La recherche d'informations dans le texte doit donner lieu à un résultat défini qui met en forme le sens contenu dans le texte lu, en focalisant l'attention des élèves sur les informations pertinentes.

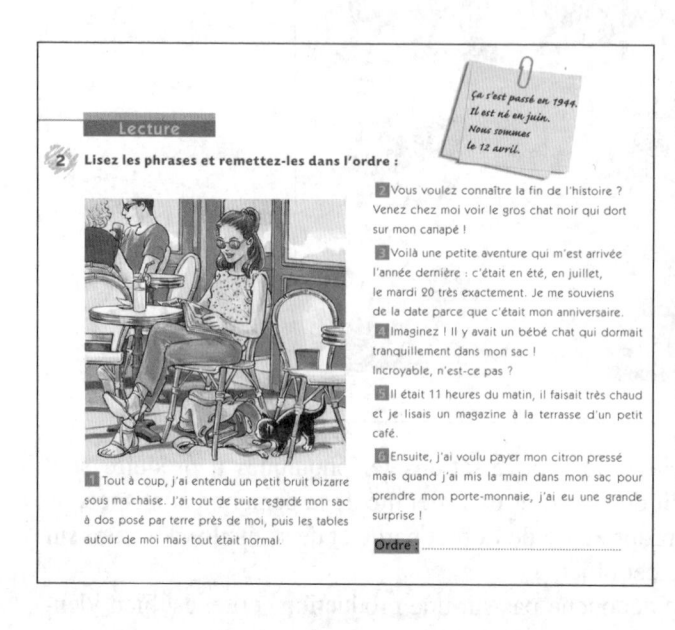

> **Lecture**
>
> 2. Lisez les phrases et remettez-les dans l'ordre :
>
> *Ça s'est passé en 1944.*
> *Il est né en juin.*
> *Nous sommes le 12 avril.*
>
> ☐ Vous voulez connaître la fin de l'histoire ? Venez chez moi voir le gros chat noir qui dort sur mon canapé !
>
> ☐ Voilà une petite aventure qui m'est arrivée l'année dernière : c'était en été, en juillet, le mardi 20 très exactement. Je me souviens de la date parce que c'était mon anniversaire.
>
> ☐ Imaginez ! Il y avait un bébé chat qui dormait tranquillement dans mon sac !
> Incroyable, n'est-ce pas ?
>
> ☐ Il était 11 heures du matin, il faisait très chaud et je lisais un magazine à la terrasse d'un petit café.
>
> ☐ Ensuite, j'ai voulu payer mon citron pressé mais quand j'ai mis la main dans mon sac pour prendre mon porte-monnaie, j'ai eu une grande surprise !
>
> ☐ Tout à coup, j'ai entendu un petit bruit bizarre sous ma chaise. J'ai tout de suite regardé mon sac à dos posé par terre près de moi, puis les tables autour de moi mais tout était normal.
>
> Ordre : ....

La tâche est, là aussi, ciblée sur un résultat attendu, la reconstitution du texte écrit dans sa chronologie. Même si l'objectif de l'exercice est focalisé sur le repérage des marqueurs de la chronologie du récit (compétence pragmatique discursive), l'attention des élèves portera sur le sens des paragraphes.

> **Cerchiamo**
>
> @ Cerca le caratteristiche del sito www.Retepulita.it e di www.VirgilioJunior
>
> Prepara con i tuoi compagni un sondaggio sull'uso del computer.
> Elaborate insieme una decina di domande brevi.

La tâche demandée aux élèves est bien identifiée. Il s'agit d'élaborer un sondage sur l'utilisation de l'ordinateur. Les deux critères sont satisfaits : négocier du sens et déboucher sur un résultat annoncé.

3. Comment analyser une tâche communicative ?

Bien évidemment, et cela apparaît déjà quand on regarde de près les tâches listées ci-dessus, on a toujours affaire à une combinaison entre plusieurs dimensions : les compétences générales et communicative, les activités langagières de réception ou de production, les domaines et les thèmes abordés, les stratégies mises en œuvre et les tâches. Selon les cas, l'importance de l'une ou l'autre de ces dimensions pourra être prépondérante, tout en respectant la nécessité de la présence d'une tâche, avec des objectifs et un résultat identifiable.

Dans les extraits ci-dessous de deux manuels d'anglais pour les dernières classes de l'enseignement secondaire, on voit bien que le poids déterminant est accordé au développement de stratégies, pour la compréhension de l'écrit dans le cas de *Going Places*, et pour l'expression orale dans le commentaire d'un tableau dans *XL*.

> ●○○ **on your marks...**
> 1- Using the two photos in the order you like, make up the girl's story.
> 2- Link the story with the titles of the extract and of the book.

Going Places, page 65

Il s'agit d'élaborer des hypothèses en prenant appui sur l'environnement et la présentation du texte.

> **OPENING**
>
> **THE SALVATION ARMY**
>
> Look at the painting
> ① a. What do you know about the Salvation Army?
> b. Briefly describe the scene.
> ▶ See UNDERSTANDING... p. 144-145 for more information
>
> ② a. Salvation Army members are called *soldiers* and *officers*. What elements suggest the military here?
> b. The Salvation Army is a Christian organisation. How does this appear here?
>
> ③ Choose one of the people in the crowd. Imagine his or her feelings and reasons for being there.
>
> ④ Who or what does the painter seem to be particularly interested in? (explain)
> the Salvationists – the crowd – the interaction between them
>
> Jean-François Raffaelli (1850-1924), *The Salvation Army*

La stratégie transmise ici consiste à partir de la thématique pour observer comment le tableau en rend compte et dégager ensuite l'intention du peintre.

XL, page 134

L'approche actionnelle dans l'apprentissage des langues vivantes 25

On pourrait schématiser l'équilibre entre les différentes dimensions présentes dans ces deux extraits de la façon suivante :

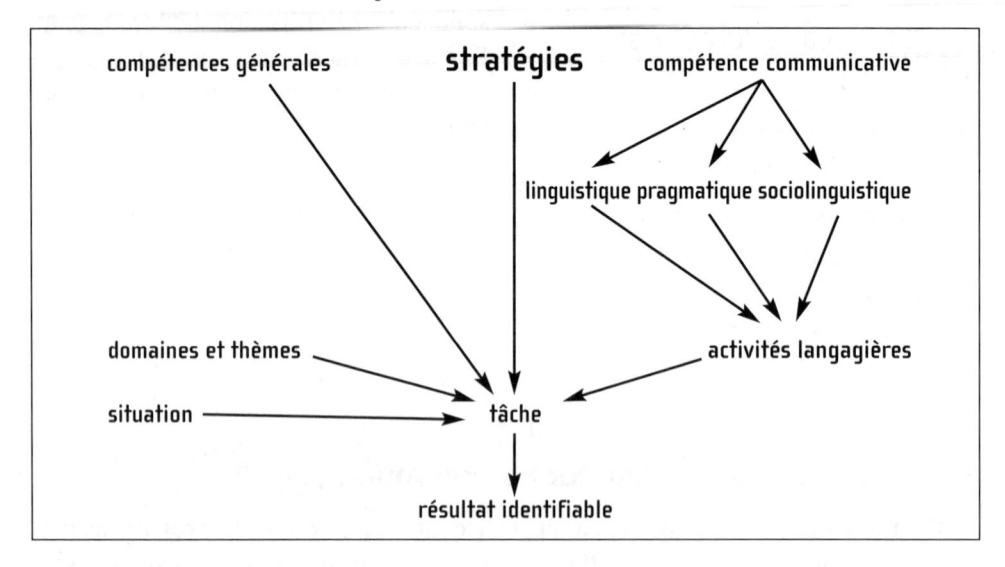

```
compétences générales      stratégies      compétence communicative
                    ↘         ↓         ↙    ↓    ↘
                              linguistique pragmatique sociolinguistique
                                                              ↓    ↓
domaines et thèmes  ↘                               activités langagières
                      ↘                           ↙
situation  ─────────────→  tâche
                             ↓
                      résultat identifiable
```

La combinaison peut jouer en faveur d'autres dimensions, par exemple dans les deux extraits ci-dessous en faveur de la compétence linguistique, sous des formes et avec des objectifs très différents :

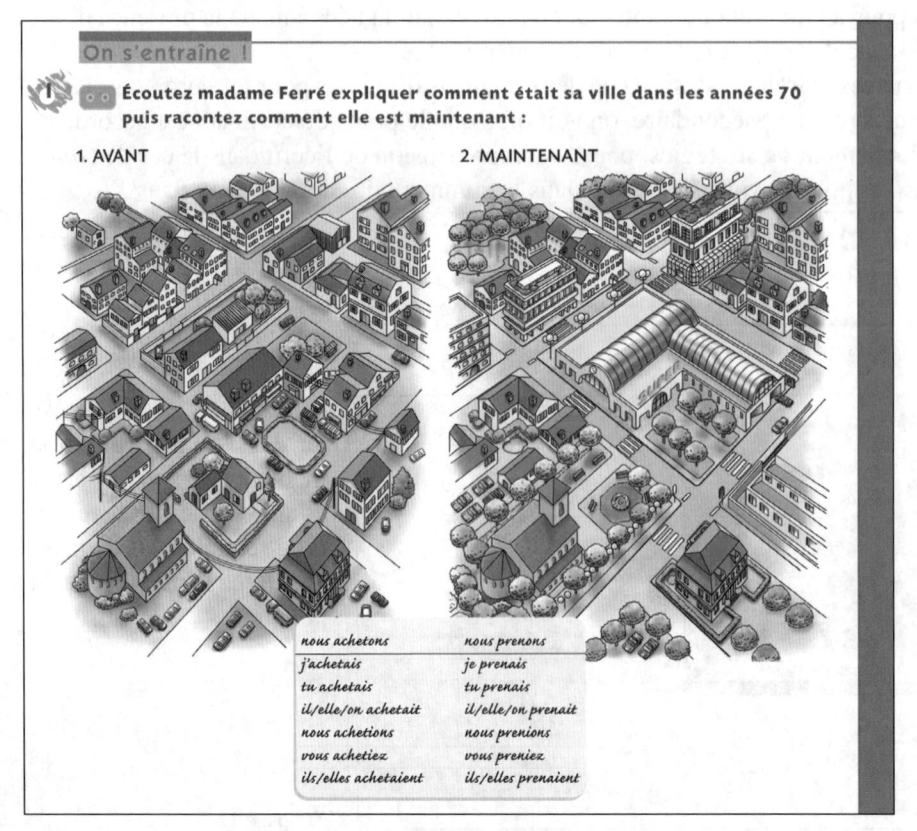

On s'entraîne !

Écoutez madame Ferré expliquer comment était sa ville dans les années 70 puis racontez comment elle est maintenant :

1. AVANT   2. MAINTENANT

nous achetons	*nous prenons*
j'achetais	*je prenais*
tu achetais	*tu prenais*
il/elle/on achetait	*il/elle/on prenait*
nous achetions	*nous prenions*
vous achetiez	*vous preniez*
ils/elles achetaient	*ils/elles prenaient*

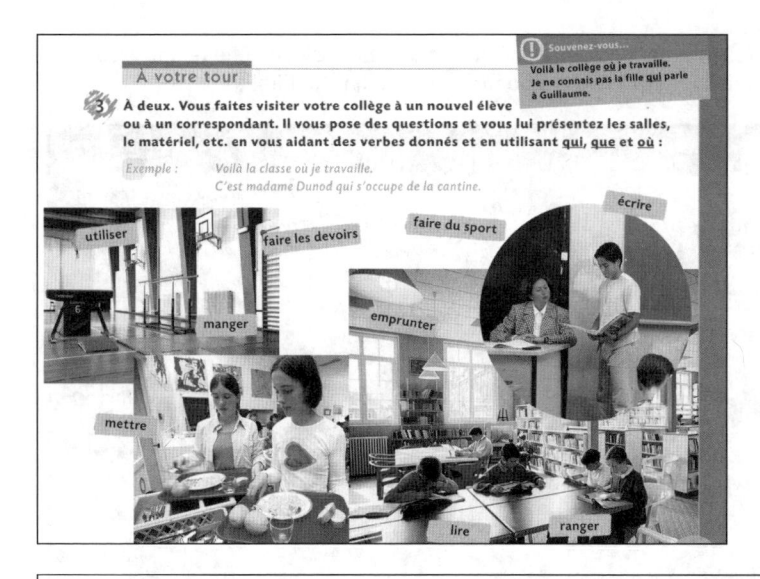

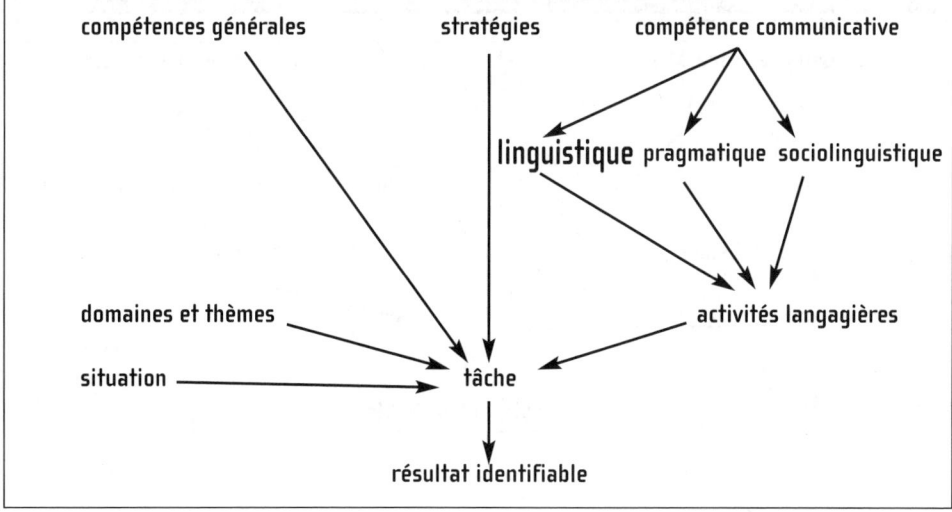

Dans les deux extraits suivants, nous pouvons reconnaître qu'une priorité est donnée à la compétence pragmatique : compétence fonctionnelle pour le manuel de français, compétence discursive dans le manuel d'italien.

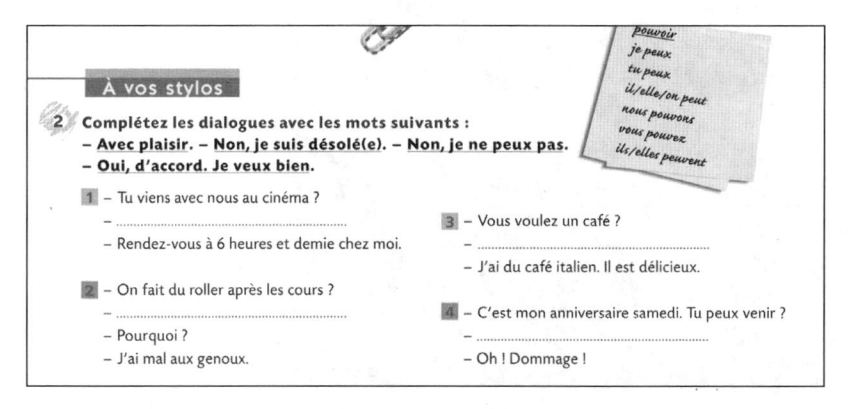

L'approche actionnelle dans l'apprentissage des langues vivantes

Questa sera sei tu il presentatore o la presentatrice della trasmissione «Che tempo fa?»
Spiega in dettaglio ai telespettatori che tempo farà domani in tutta l'Italia.

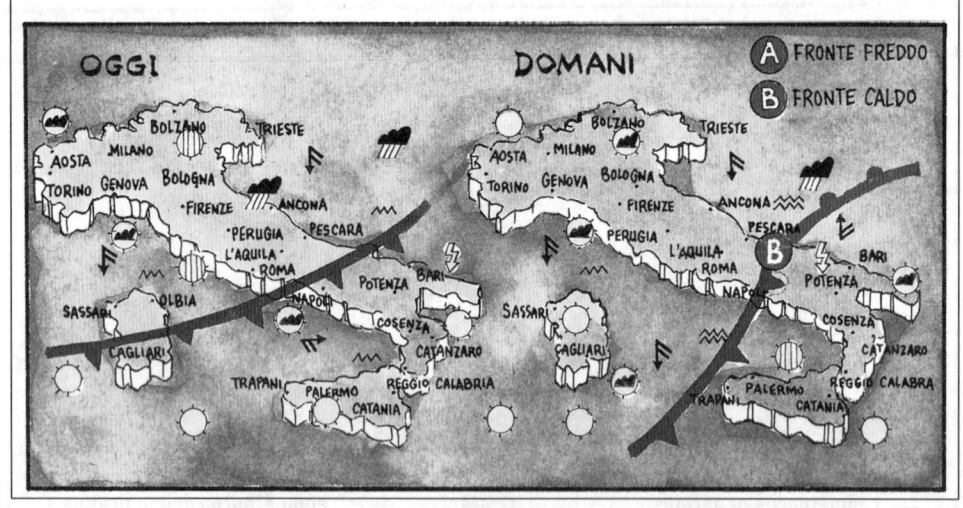

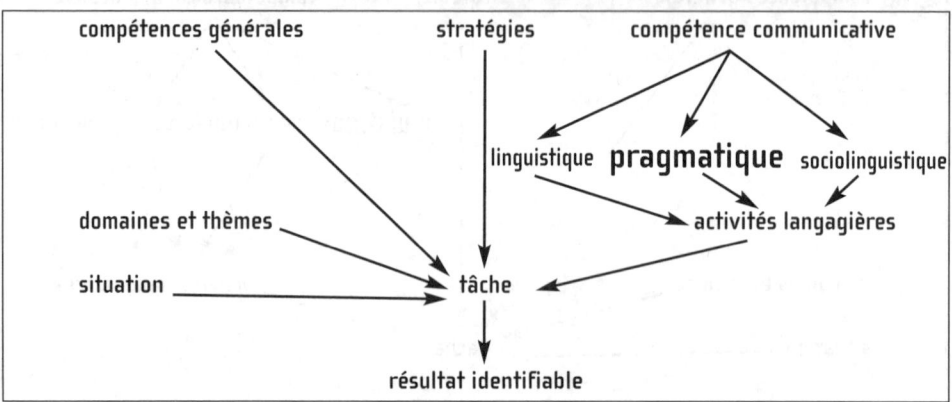

OGGI — DOMANI — Ⓐ FRONTE FREDDO — Ⓑ FRONTE CALDO

compétences générales — stratégies — compétence communicative

linguistique **pragmatique** sociolinguistique

domaines et thèmes → activités langagières

situation → tâche

résultat identifiable

Dans le dernier exemple ci-dessous, la priorité est donnée au thème traité.

Nicola GIANFARELLI, *Il matrimonio di Renzo e Lucia*, Palazzo Pitti, Firenze

Cerchiamo Quale era la situazione politica della penisola nel 1600?

Il s'agit d'une recherche d'informations sur un sujet, en liaison avec l'exploitation du tableau. Le résultat de la recherche demandée doit permettre aux élèves d'approfondir la thématique abordée ici.

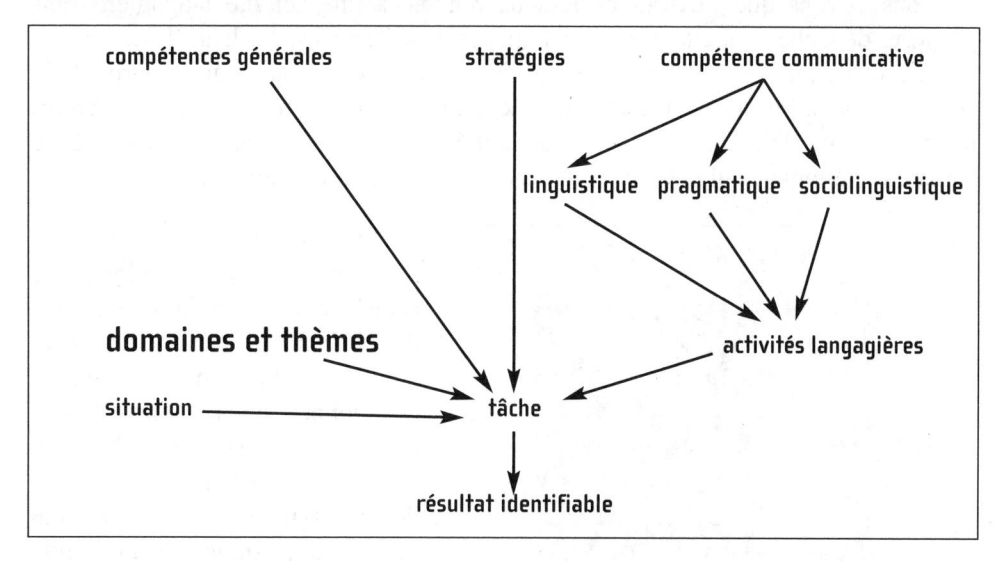

```
compétences générales      stratégies      compétence communicative
                                          ↓       ↓       ↓
                                    linguistique  pragmatique  sociolinguistique
                                                                    ↓
domaines et thèmes                                          activités langagières
   situation  ──────────→  tâche  ←──────
                             ↓
                    résultat identifiable
```

Ces équilibres différents entre plusieurs dimensions permettent de prendre en compte les objectifs d'enseignement et les aptitudes des élèves. Ils répondent au besoin de varier les approches et de diversifier les entraînements. Ils ne mettent cependant pas en cause l'existence d'une tâche, qui est la marque d'un enseignement répondant aux exigences d'un enseignement communicationnel. Par la tâche, les élèves deviennent effectivement actifs et le travail prend un sens à leurs yeux. **La tâche favorise leur engagement personnel dans l'apprentissage.**

Nous voyons cependant par ces quelques exemples que la tâche peut varier de nature, selon l'équilibre déterminé par les objectifs poursuivis. Elle peut tendre à être une tâche authentiquement communicative ou à l'inverse être essentiellement une tâche d'apprentissage.

⏵ Que peut en retenir un professeur de langue ?

Il peut analyser ses matériaux pédagogiques et ses démarches d'enseignement en se demandant si les travaux donnés aux élèves correspondent effectivement à des tâches.

Il se demandera également si ces tâches couvrent l'ensemble des dimensions citées plus haut et s'il y a lieu d'accorder la priorité à l'une ou l'autre de ces dimensions pour tenir compte des besoins des élèves.

Il peut alors trouver souhaitable d'enrichir la gamme des tâches qu'il met en œuvre dans ses classes par d'autres tâches dont il trouvera des exemples dans des manuels de la langue qu'il enseigne ou d'autres langues.

En effet, nous avons jusqu'à présent recherché la présence de tâches dans les manuels scolaires. Mais il est évident que l'enseignant peut aussi tout à fait créer des tâches à partir de matériaux qui lui sont proposés.

Nous voyons que l'extrait ci-dessous renvoie à une activité langagière sans proposer de tâche explicite. Ce qui est attendu des élèves est évident. Ils doivent se livrer à une expression orale en continu à propos de cette caricature à partir de la compréhension de la légende et à des échanges (expression orale en interaction) pour confronter leurs points de vue sur la thématique traitée. Les aides fournies le signalent clairement ; il s'agit en effet du lexique nécessaire pour l'expression.

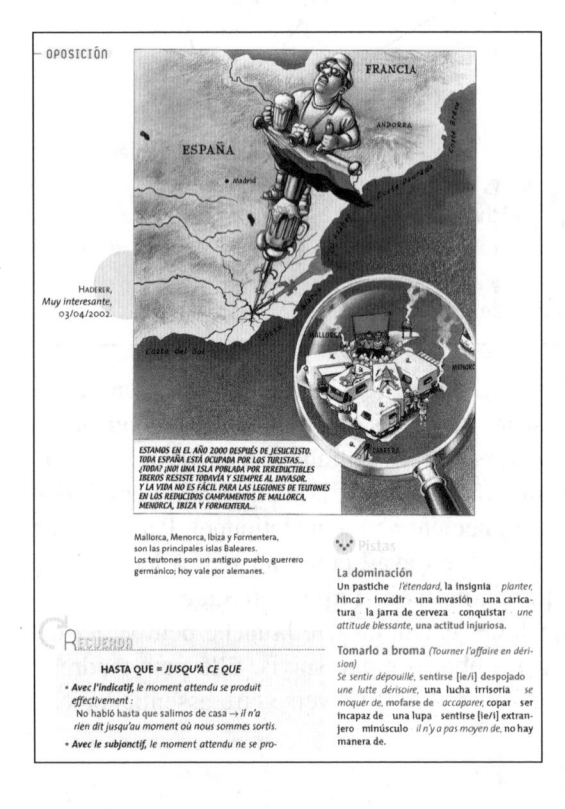

Afin de créer une tâche pour l'exploitation pédagogique de cette caricature, il serait possible de cacher sur ce document la parodie de la première vignette, très connue, de tous les albums d'Astérix et de demander aux élèves de la reconstituer à l'aide de la vignette prise dans une version espagnole de la bande dessinée, reproduite dans le livre du professeur.

Il serait ensuite possible de rechercher les raisons qui permettent au caricaturiste de faire une telle comparaison entre les Romains à l'époque de la Gaule et les touristes allemands dans cette partie de l'Espagne. Le résultat pourrait prendre par exemple la forme d'un tableau élaboré collectivement et mettant en relation ce qui concerne les Romains et les touristes.

Selon la classe et l'aptitude des élèves, on pourrait demander ensuite aux élèves de faire ou de décrire la parodie d'une autre vignette de cette bande dessinée, choisie librement.

De même que la présence d'une consigne de travail ne signifie pas nécessairement tâche communicative, l'absence de consigne n'interdit pas la réalisation de tâches.

Livre du professeur

4. La place de la tâche communicative dans la séquence pédagogique

Bien entendu, les tâches ne peuvent pas être isolées de leur environnement dans un manuel.

Examinons, dans cette perspective, un manuel de sixième destiné à l'enseignement de l'allemand.

Dans ce chapitre du manuel (chapitre 8 sur les dix que comprend l'ouvrage), la situation suivante est mise en scène : les personnages allemands de la méthode accueillent leurs correspondants français. Lors d'une promenade au centre-ville, ils se rendent dans un grand magasin. Ils se sont séparés en se donnant rendez-vous à la sortie du magasin à 15 h 30. La page reproduite révèle que Français et Allemands ne se retrouvent pas ; les correspondants français (qui parlent logiquement français entre eux) ne savent pas comment se comporter. Dans la page suivante du manuel, l'attention sera portée sur l'attitude et les réactions des personnages allemands, qui, en fait, attendent à une autre sortie du grand magasin, dans une autre rue.

Les entraînements proposés dans cette page du manuel reposent sur une succession de tâches que nous allons soumettre à l'analyse proposée précédemment.

S'agit-il bien d'une tâche ? La réponse est positive pour deux raisons. Le besoin de prise de parole est motivé par la situation mise en scène. Il s'agit d'expliquer la situation à une passante qui a repéré que ces enfants étaient en difficulté. Le résultat attendu est un énoncé élaboré et cohérent.

L'activité langagière mobilisée est la production orale en continu.

L'objectif poursuivi est, de façon évidente, le développement de la compétence linguistique (expression du passé) et de la compétence pragmatique (exposer à un adulte un problème complexe, en juxtaposant des énoncés simples dans une succession cohérente).

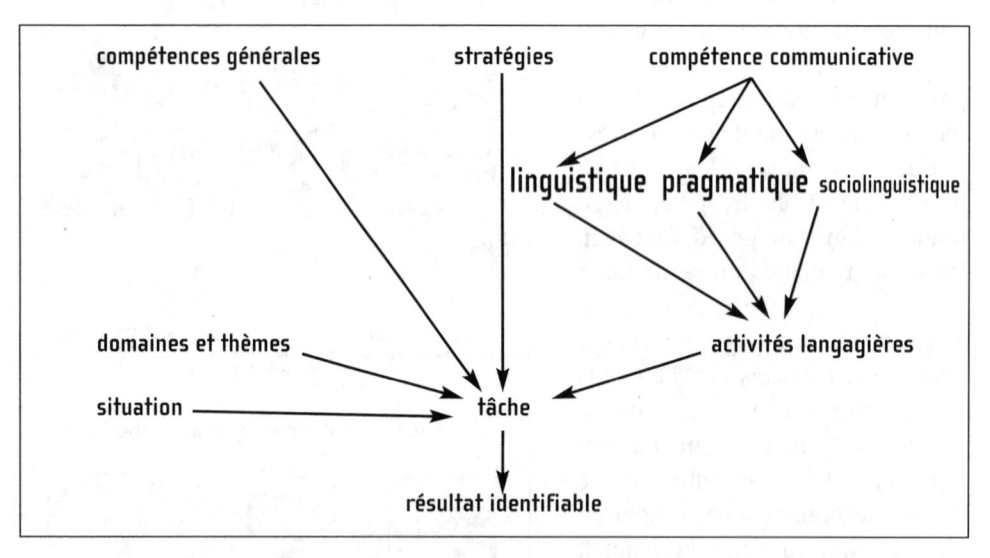

```
compétences générales      stratégies      compétence communicative
                    ↘          ↓          ↙       ↓        ↘
                       linguistique  pragmatique  sociolinguistique

    domaines et thèmes                          activités langagières
                        ↘       ↓       ↙
    situation  ───────→    tâche
                             ↓
                    résultat identifiable
```

2. Kann die Infodame helfen?

a. Hör zu und ergänze!

b. Was hat Frau Stockinger gesagt?
Die Infodame erzählt.

Die Infodame: Ich habe mit Frau Stockinger telefoniert.
Sie hat gesagt, dass Claudia nicht zu Hause ist.
Sie hat gesagt, dass …

S'agit-il d'un exercice ou d'une tâche ? La question peut se poser. En effet, la priorité est donnée ici nettement à la compétence linguistique : production d'énoncés comportant des propositions dépendantes introduites par la conjonction « dass » (sie sagt, dass = elle dit que …), imposant une position terminale de l'élément conjugué du verbe, point très important de la syntaxe de l'allemand. Ce contenu pourrait faire penser à un exercice. Mais on constate une situation de communication plausible, et la forme linguistique imposée est bien adaptée à la situation d'énonciation. Le résultat attendu est lui aussi identifiable : une suite d'énoncés constituant un ensemble cohérent par rapport à cette situation. Les critères nécessaires à une tâche sont bien présents.

Les activités langagières sont la compréhension de l'oral, l'expression orale en continu et, dans une moindre mesure, la médiation.

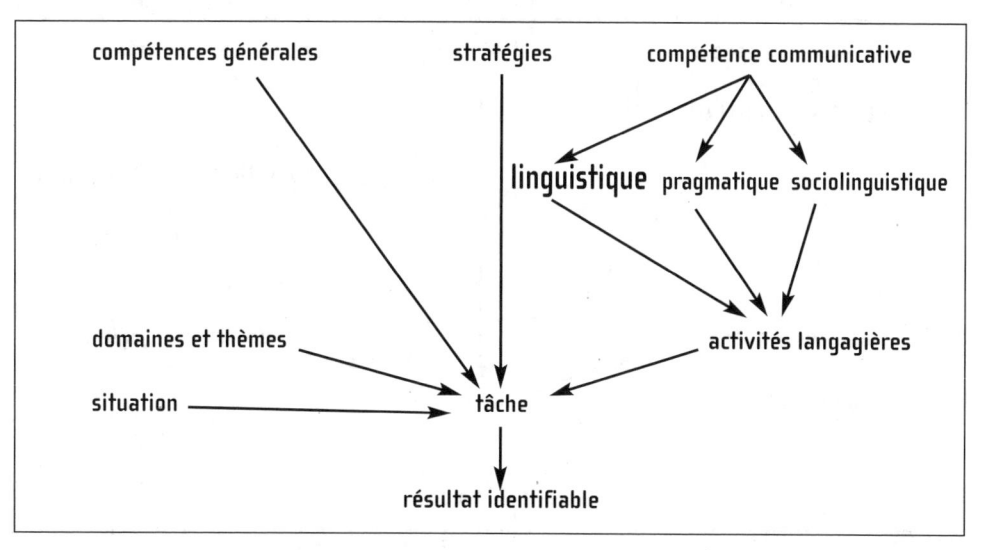

Partner A: Mein Partner hat gesagt, dass er Sportschuhe braucht. Wo kann ich ihn finden?
Partner B: In der Sportabteilung.
Partner A: Und wo ist es?
Partner B: Im vierten Stock.
Partner A: Danke schön.

La tâche est ici motivée par un besoin créé par la situation : mettre au point collectivement une stratégie pour retrouver dans le magasin les correspondants allemands, notamment grâce aux informations dont disposent les personnages sur les projets d'achats de leurs partenaires.

Le résultat est lui aussi bien identifié : la précision du lieu où ils peuvent se trouver.

La compétence linguistique est présente, sous la forme de l'apprentissage de la localisation, mais la priorité est donnée ici à la compétence pragmatique (apprentissage d'un modèle conversationnel récurrent) et au savoir socioculturel (l'organisation et le nom des

L'approche actionnelle dans l'apprentissage des langues vivantes   33

divisions principales dans un grand magasin, en utilisant l'illustration figurant dans le manuel).

Les activités langagières concernées sont la compréhension de l'écrit et la production orale en interaction.

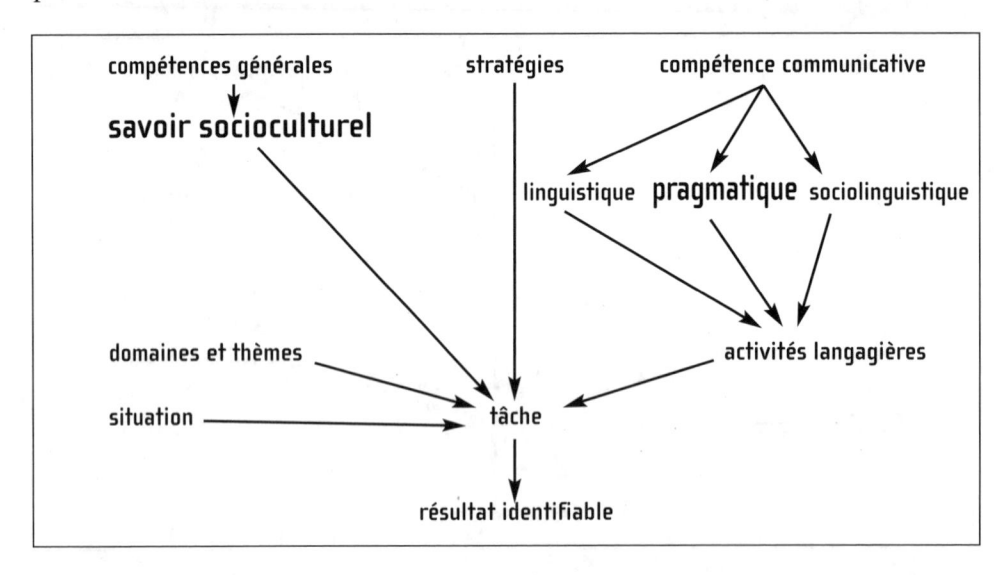

```
compétences générales          stratégies          compétence communicative
        ↓                                          ↙      ↓      ↘
  savoir socioculturel                       linguistique  pragmatique  sociolinguistique


  domaines et thèmes                                          activités langagières
  situation ─────────────→  tâche  ←──────────────
                              ↓
                      résultat identifiable
```

Cette page du manuel est donc bien construite sur différentes tâches, avec une diversité des combinaisons entre compétences et activités. Pour éviter l'éclatement dangereux de l'unité de la séance, les activités langagières (réception et production) sont mises en œuvre dans des tâches crédibles dont la succession est déterminée par une tâche plus large : faire face à une situation qui peut faire partie de l'expérience prochaine des élèves. Les entraînements effectifs aux activités de compréhension et de production ne sont pas conçus par les auteurs du manuel, ni perçus par les élèves, comme une fin en soi mais sont légitimés par la recherche de résolution d'un problème prévisible dans le vécu des élèves. On pourrait presque parler d'une tâche unique réalisée par une suite de microtâches.

La conduite de la classe proposée dans cette page relève de ce que l'on peut appeler le pilotage par la tâche.

Mais cela ne s'effectue pas au détriment du développement des **compétences communicatives** (linguistique, sociolinguistique, pragmatique) dans la mesure où, nous l'avons vu, celles-ci sont mobilisées pour la réalisation des tâches et dans la mesure où, de plus, ce manuel se caractérise par une grande rigueur dans la progression grammaticale à travers les chapitres.

On évalue le chemin parcouru en comparant cette page avec celle d'un autre manuel d'allemand, destiné au même niveau de classe, qui date de 1981 et qui est composé, on s'en doute, de façon très différente.

6 b. Beim Konditor

(Die Großmutter und Tante Eva in einer Konditorei).

Tante Eva : Gudrun? Bist du sicher, daß die Sahne hier frisch ist ?
Die Großmutter : Natürlich! Die Sahne ist hier frisch.
Tante Eva : Gudrun? Glaubst du, daß das Eis hier gut ist?
Die Großmutter : Ja! Das Eis ist hier gut.
Tante Eva : Gudrun? Du sagst doch immer, daß die Torte hier so gut ist.
Die Großmutter : Eva! Hier schmeckt alles gut.
Tante Eva : Aber meine Figur... Oder findest du, daß ich schlank bin?
Die Großmutter : Aber sicher! Du bist schlank.
Tante Eva : Fräulein! Zwei Stück Torte, bitte! Und auch eine Portion Schlagsahne!

Hier schmeckt alles gut...

Grammaire

Le noyau verbal dans la phrase autonome

Le noyau verbal d'une phrase autonome n'est pas placé à la fin du groupe verbal :

frisch | sein

Die Sahne ist | frisch |

Dans une phrase autonome qui exprime une affirmation, le noyau verbal est placé en deuxième position, après le sujet par exemple. Mais le déterminant du noyau verbal (ici « frisch ») reste à sa place et conserve l'accent du groupe verbal.

Übung

Modell : Die Großmutter weiß, daß die Sahne frisch ist.
Die Sahne ist frisch.

Die Großmutter weiß, daß die Sahne frisch ist. Die Großmutter weiß, daß das Eis gut ist. - Onkel Volker weiß, daß die Jungen durstig sind. - Udo weiß, daß Ramses hungrig ist. - Karin weiß, daß die Bonbons billig sind. - Udo weiß, daß Jeans praktisch sind. - Brigitte weiß, daß die Pralinen teuer sind.

L'extrait reproduit met en scène deux personnages dans un dialogue vivant et humoristique, rédigé par les auteurs pour introduire et permettre l'emploi par les élèves du point faisant l'objet des explications grammaticales de la seconde page (la place de l'élément conjugué du groupe verbal). Il transmet également un savoir socioculturel (les salons de thé en Allemagne).

La lecture de ces deux pages, après celle du manuel d'allemand précédent, fait ressortir l'absence totale de consignes de travail à propos du dialogue. Ces consignes auraient d'ailleurs été superflues. Le déroulement « normal » du cours est en effet figé dans ses phases : audition et restitution de son contenu sous la direction du professeur, qui guide ensuite la classe vers un commentaire sur le comportement des personnages. La réussite particulière de ce dialogue a dû permettre des échanges riches et plaisants entre les élèves, à propos de l'attitude de « Tante Eva » qui fait semblant de s'inquiéter de sa ligne et de la qualité des glaces servies dans ce salon de thé et qui, une fois rassurée poliment par son interlocutrice, commande à la fois une pâtisserie et une glace. L'emploi du fait de langue travaillé s'effectue naturellement. Cette double page est en conformité parfaite avec la méthodologie utilisée à cette période.

Peut-on parler ici de tâche communicative ?

Le CECR précise que les tâches mises en œuvre dans l'enseignement d'une langue peuvent être des tâches de nature « pédagogique » qui, « éloignées de la vie réelle et des besoins des apprenants […], visent à [les] impliquer dans une communication réelle, ont un sens (pour l'apprenant), sont pertinentes (ici et maintenant dans la situation formelle d'apprentissage), exigeantes mais faisables (avec un réajustement de l'activité si nécessaire) et ont un résultat identifiable… » (CECR, page 121).

Ce manuel peut répondre effectivement à cette exigence de mise en œuvre communicative, à une double condition : que le professeur parvienne à créer une communication réelle dans le groupe à propos de ce document et qu'il prévoie un résultat, par exemple ici sous la forme d'un bilan élaboré au tableau. Même dans ce cas, cependant, la tâche restera très artificielle dans la mesure où le résultat visible (traces au tableau) ne sera pas vraiment le ressort de l'exécution de la tâche mais accompagnera tout au plus les échanges.

Mais il apparaît vite que les deux extraits présentent de nombreuses différences. Nous avons déjà souligné que les tâches sont conçues d'une façon radicalement différente : mise en scène de situations d'énonciation simulant l'usage de la langue dans le pays étranger avec des interlocuteurs variés et des intentions de parole diversifiées dans *Aufwind*, « tâche pédagogique » dans le second cas, avec limitation de la compétence linguistique et sociolinguistique à une situation d'énonciation unique.

Une autre différence importante pour notre propos porte sur les **activités langagières** mises en œuvre :
– entraînement spécifique à différentes activités langagières dans le manuel le plus récent ;
– mélange de compréhension de l'oral, de compréhension de l'écrit et de production orale en interaction dans le manuel plus ancien.

Nous avons là ce qui constitue sans doute un apport essentiel du CECR à l'enseignement des langues : **il met l'accent sur la combinaison entre la réalisation des tâches et une ou plusieurs activités langagières ; il souligne l'importance de l'authenticité des situations, en relation avec les besoins de communication des élèves.**

CHAPITRE 3

L'ÉCHELLE DE NIVEAUX DE COMPÉTENCES EN LANGUE

1. L'adoption de l'échelle de niveaux dans les textes réglementaires

Le succès rapide du CECR en Europe comme en France est dû essentiellement à sa proposition d'une échelle de niveaux de compétences en langue, commune à toutes les langues, à toutes les institutions et à tous les pays européens.

La finalité du CECR est, comme on l'a vu, de favoriser la transparence en Europe dans le domaine des langues vivantes. Il n'est donc pas étonnant que l'échelle de niveaux soit le plus souvent perçue comme la pièce maîtresse de l'édifice.

Cette échelle se décompose en trois sections :
– niveau élémentaire de compétences : niveau A,
– niveau intermédiaire : niveau B,
– niveau avancé : niveau C,
et chaque section se décompose elle-même en deux niveaux, niveau 1 et niveau 2. On parle donc d'une échelle de compétences à six niveaux.

Utilisateur élémentaire		Utilisateur indépendant		Utilisateur expérimenté	
A1 Introductif ou de découverte	A2 Intermédiaire ou de survie	B1 Niveau seuil	B2 Avancé ou indépendant	C1 Autonome	C2 Maîtrise

UTILISATEUR EXPÉRIMENTÉ	C2	Peut comprendre sans effort pratiquement tout ce qu'il/elle lit ou entend. Peut restituer faits et arguments de diverses sources écrites et orales en les résumant de façon cohérente. Peut s'exprimer spontanément, très couramment et de façon précise et peut rendre distinctes de fines nuances de sens en rapport avec des sujets complexes.
	C1	Peut comprendre une grande gamme de textes longs et exigeants, ainsi que saisir des significations implicites. Peut s'exprimer spontanément et couramment sans trop apparemment devoir chercher ses mots. Peut utiliser la langue de façon efficace et souple dans sa vie sociale, professionnelle ou académique. Peut s'exprimer sur des sujets complexes de façon claire et bien structurée et manifester son contrôle des outils d'organisation, d'articulation et de cohésion du discours.
UTILISATEUR INDÉPENDANT	B2	Peut comprendre le contenu essentiel de sujets concrets ou abstraits dans un texte complexe, y compris une discussion technique dans sa spécialité. Peut communiquer avec un degré de spontanéité et d'aisance tel qu'une conversation avec un locuteur natif ne comportant de tension ni pour l'un ni pour l'autre. Peut s'exprimer de façon claire et détaillée sur une grande gamme de sujets, émettre un avis sur un sujet d'actualité et exposer les avantages et les inconvénients de différentes possibilités.
	B1	Peut comprendre les points essentiels quand un langage clair et standard est utilisé et s'il s'agit de choses familières dans le travail, à l'école, dans les loisirs, etc. Peut se débrouiller dans la plupart des situations rencontrées en voyage dans une région où la langue cible est parlée. Peut produire un discours simple et cohérent sur des sujets familiers et dans ses domaines d'intérêt. Peut raconter un événement, une expérience ou un rêve, décrire un espoir ou un but et exposer brièvement des raisons ou explications pour un projet ou une idée.
UTILISATEUR ÉLÉMENTAIRE	A2	Peut comprendre des phrases isolées et des expressions fréquemment utilisées en relation avec des domaines immédiats de priorité (par exemple, informations personnelles et familiales simples, achats, environnement proche, travail). Peut communiquer lors de tâches simples et habituelles ne demandant qu'un échange d'informations simple et direct sur des sujets familiers et habituels. Peut décrire avec des moyens simples sa formation, son environnement immédiat et évoquer des sujets qui correspondent à des besoins immédiats.
	A1	Peut comprendre et utiliser des expressions familières et quotidiennes ainsi que des énoncés très simples qui visent à satisfaire des besoins concrets. Peut se présenter ou présenter quelqu'un et poser à une personne des questions la concernant – par exemple, sur son lieu d'habitation, ses relations, ce qui lui appartient, etc. – et peut répondre au même type de questions. Peut communiquer de façon simple si l'interlocuteur parle lentement et distinctement et se montre coopératif.

Niveaux communs de compétences – Échelle globale (*CECR*, page 25)

L'importance de cette échelle pour tout professeur de langue devient évidente quand on prend connaissance des textes réglementaires qui lui font référence dans les différents pays et en Europe. Pour prendre l'exemple de la France, ces références sont omniprésentes, comme le montrent ci-dessous les objectifs de l'enseignement des langues et les exigences en matière de connaissance en langue(s).

a) Les programmes de l'enseignement des langues vivantes ont, depuis 2002, fixé les objectifs de cet enseignement en référence à l'échelle du CECR :

	Écouter	Lire	Prendre part à une conversation	S'exprimer oralement en continu	Écrire
École élémentaire :					
fin du cycle 3	A1	A1	A1	A1	A1
Collège					
Fin du palier 1 en LV1	A2	A2	A2	A2	A2
Fin du palier 2 en LV1	B1	B1	B1	B1	B1
Fin du collège en LV2	A2	A2	A2	A2	A2
Troisième technologique de l'enseignement agricole	A2	A2	A2	A2	A1
Lycée professionnel :					
CAP	B1	B1	B1	B1	A2
LEGT : fin de cycle terminal					
LV1	B2	B2	B1/B2	B2	B2
LV2	B1/B2	B1/B2	B1	B1/B2	B1/B2
LV3	A2/B1	A2/B1	A2	A2/B1	A2/B1

Les indications contenues dans ce tableau sont confirmées par le décret du 22 août 2005 relatif à l'organisation de l'enseignement des langues vivantes étrangères dans l'enseignement scolaire. L'article 1er officialise la référence au CECR :

« Les niveaux de compétence en langues vivantes étrangères attendus des élèves des écoles, collèges et lycées relevant de l'enseignement public ou privé sous contrat sont fixés, conformément au référentiel de niveaux de compétence figurant en annexe au présent décret, de la façon suivante :

À la fin de l'école élémentaire, le niveau A1 dans la langue vivante étudiée ;

À la fin de la scolarité obligatoire, le niveau B1 pour la première langue vivante étudiée et le niveau A2 pour la seconde langue vivante étudiée ;

À la fin des études du second degré, le niveau B2 pour la première langue vivante étudiée et le niveau B1 pour la seconde langue vivante étudiée.

Les programmes et méthodes d'enseignement des langues vivantes étrangères sont définis en fonction de ces objectifs »

(*J.O.* n° 197 du 25 août 2005).

b) L'avant-projet annuel de performance « Enseignement scolaire » de la loi organique relative aux lois de finances prévoit parmi les indicateurs retenus, qui précisent les objectifs donnés à l'Éducation nationale par l'Assemblée nationale et le Sénat :

Indicateur n° 11, objectif 1, programme 2 : proportion d'élèves ayant atteint en langue étrangère le niveau B1 du *Cadre européen de référence* en fin de collège ;
c) Les textes précisant le niveau de maîtrise exigé des enseignants non linguistes pour enseigner une langue vivante à l'école primaire font, eux aussi, référence au CECR :

Habilitation des personnels chargés de l'enseignement des langues vivantes à l'école primaire :
« Le niveau attendu des candidats à l'habilitation provisoire est le niveau B2 du *Cadre européen commun de référence pour les langues* du Conseil de l'Europe pour la compréhension orale et le niveau B1 pour l'expression orale »
(Circulaire du 29 octobre 2001).

Épreuve orale de langue vivante étrangère au concours externe de recrutement des professeurs des écoles :
« L'ensemble de l'épreuve se situe au niveau B2 du *Cadre européen commun de référence*, correspondant à un utilisateur dit indépendant »
(Annexe 1 de l'arrêté du 10 mai 2005).

Il est donc essentiel, pour pouvoir répondre à la mission qui leur est confiée, que tous les professeurs de langue sachent avec précision ce que recouvrent ces niveaux.

Trois aspects essentiels de cette échelle méritent d'être soulignés.

2. Les niveaux de compétences et les activités langagières de réception et de production

Pour l'action pédagogique et l'évaluation, il est fondamental de comprendre que la distinction en six niveaux proposée dans l'échelle du CECR n'est pas suffisante. Un niveau global (A2 ou B1 par exemple) n'a que peu de sens.

Le niveau de compétences d'un élève ne peut s'observer qu'à travers des activités langagières, d'où l'importance de décrire ces six niveaux de compétences de façon distincte pour chaque type d'activité langagière.

De plus, tous les enseignants de langue savent d'expérience que les élèves ne connaissent pas la même réussite en compréhension ou en expression, à l'écrit ou à l'oral. Nous connaissons tous des élèves qui peuvent comprendre les éléments essentiels d'un texte simple écrit ou oral dans une langue étrangère sans disposer par exemple des moyens d'en rendre compte oralement ou de s'exprimer à son sujet.

C'est pourquoi le CECR décompose l'échelle de niveaux selon différentes activités langagières : écouter – lire – écrire – prendre part à une conversation – s'exprimer oralement en continu. Nous disposons ainsi d'une grille pour l'auto-évaluation, reproduite page 41. Pour chacune des cases de cette grille, le CECR propose une définition qui se distingue du contenu des autres cases sur un axe vertical par le type d'activité langagière mise en œuvre et sur un axe horizontal par le niveau de compétences atteint.

		Niveau A2	
		Je peux lire des textes courts très simples. Je peux trouver une information particulière prévisible dans des documents courants comme les publicités, les prospectus, les menus et les horaires et je peux comprendre des lettres personnelles courtes et simples.	
Prendre part à une conversation	Je peux communiquer, de façon simple, à condition que l'interlocuteur soit disposé à répéter ou à reformuler ses phrases plus lentement et à m'aider à formuler ce que j'essaie de dire. Je peux poser des questions simples sur des sujets familiers ou sur ce dont j'ai immédiatement besoin, ainsi que répondre à de telles questions.	Je peux communiquer lors de tâches simples et habituelles ne demandant qu'un échange d'informations simple et direct sur des sujets et des activités familiers. Je peux avoir des échanges très brefs même si, en règle générale, je ne comprends pas assez pour poursuivre une conversation.	Je peux faire face à la majorité des situations que l'on peut rencontrer au cours d'un voyage dans une région où la langue est parlée. Je peux prendre part sans préparation à une conversation sur des sujets familiers ou d'intérêt personnel ou qui concernent la vie quotidienne (par exemple famille, loisirs, travail, voyage et actualité).
		Je peux utiliser une série de phrases ou d'expressions pour décrire en termes simples ma famille et d'autres gens, mes conditions de vie, ma formation et mon activité professionnelle actuelle ou récente.	

Par conséquent, le niveau de compétences d'un élève peut être défini de façon distincte selon ses aptitudes dans chacune des activités langagières.

Un même individu peut par exemple, de façon tout à fait légitime et naturelle, se situer dans la même langue étrangère au niveau A2 en compréhension de l'écrit et au niveau A1 en expression écrite. Il peut même, dans des situations particulières liées à la nature d'une langue ou à des besoins spécifiques dans l'usage de cette langue, ne posséder que des compétences partielles dans une langue. Dans le cas de langues voisines (langues romanes ou langues germaniques notamment), on peut tout à fait envisager par exemple que des élèves ayant appris une langue appartenant à une famille linguistique complètent leurs compétences par l'apprentissage de la seule compréhension de l'écrit dans une autre langue de la même famille. Pour satisfaire les besoins de certaines études, activités personnelles ou postes de travail, des élèves ou étudiants peuvent choisir de privilégier une activité langagière par rapport aux autres et présenter un grand déséquilibre entre les niveaux atteints en réception ou en expression, à l'oral ou à l'écrit.

Le déséquilibre entre les niveaux de compétences dans les différentes activités langagières doit être reconnu comme naturel. Loin d'être un obstacle, cette asymétrie peut être un moteur de l'apprentissage. Les conséquences pédagogiques sont très nombreuses, notamment en ce qui concerne la distinction dans la compétence linguistique entre ce qui est nécessaire pour la compréhension et pour l'expression.

Grâce à cette grille pour l'auto-évaluation dans ces cinq différentes activités de communication, les enseignants de langue disposent désormais des moyens de rendre compte précisément de cette réalité. **Le constat de déséquilibre dans les résultats d'un même élève, interprété parfois à tort comme un échec, perd son caractère intuitif. Il peut désormais être exprimé de façon fiable et positive.**

	A1	A2	B1	B2	C1	C2
COMPRENDRE — Écouter	Je peux comprendre des mots familiers et des expressions très courantes au sujet de moi-même, de ma famille et de l'environnement concret et immédiat, si les gens parlent lentement et distinctement.	Je peux comprendre des expressions et un vocabulaire très fréquent relatifs à ce qui me concerne de très près (par exemple moi-même, ma famille, les achats, l'environnement proche, le travail). Je peux saisir l'essentiel d'annonces et de messages simples et clairs.	Je peux comprendre les points essentiels quand un langage clair et standard est utilisé et s'il s'agit de sujets familiers concernant le travail, l'école, les loisirs, etc. Je peux comprendre l'essentiel de nombreuses émissions de radio ou de télévision sur l'actualité ou sur des sujets qui m'intéressent à titre personnel ou professionnel si l'on parle d'une façon relativement lente et distincte.	Je peux comprendre des conférences et des discours assez longs et même suivre une argumentation complexe si le sujet m'en est relativement familier. Je peux comprendre la plupart des émissions de télévision sur l'actualité et les informations. Je peux comprendre la plupart des films en langue standard.	Je peux comprendre un long discours même s'il n'est pas clairement structuré et que les articulations sont seulement implicites. Je peux comprendre les émissions de télévision et les films sans trop d'effort.	Je n'ai aucune difficulté à comprendre le langage oral, que ce soit dans les conditions du direct ou dans les médias et quand on parle vite, à condition d'avoir le temps pour me familiariser avec un accent particulier.
COMPRENDRE — Lire	Je peux comprendre des noms familiers, des mots ainsi que des phrases très simples, par exemple dans des annonces, des affiches ou des catalogues.	Je peux lire des textes courts très simples. Je peux trouver une information particulière prévisible dans des documents courants comme les publicités, les prospectus, les menus et les horaires et je peux comprendre des lettres personnelles courtes et simples.	Je peux comprendre des textes rédigés essentiellement dans une langue courante ou relative à mon travail. Je peux comprendre la description d'événements, l'expression de sentiments et de souhaits dans des lettres personnelles.	Je peux lire des articles et des rapports sur des questions contemporaines dans lesquels les auteurs adoptent une attitude particulière ou un certain point de vue. Je peux comprendre un texte littéraire contemporain en prose.	Je peux comprendre des textes factuels ou littéraires longs et complexes et en apprécier les différences de style. Je peux comprendre des articles spécialisés et de longues instructions techniques même lorsqu'ils ne sont pas en relation avec mon domaine.	Je peux lire sans effort tout type de texte, même abstrait ou complexe quant au fond ou à la forme, par exemple un manuel, un article spécialisé ou une œuvre littéraire.
PARLER — Prendre part à une conversation	Je peux communiquer, de façon simple, à condition que l'interlocuteur soit disposé à répéter ou à reformuler ses phrases plus lentement et à m'aider à formuler ce que j'essaie de dire. Je peux poser des questions simples sur des sujets familiers ou sur ce dont j'ai immédiatement besoin, ainsi que répondre à de telles questions.	Je peux communiquer lors de tâches simples et habituelles ne demandant qu'un échange d'informations simple et direct sur des sujets et des activités familiers. Je peux avoir des échanges très brefs même si, en règle générale, je ne comprends pas assez pour poursuivre une conversation.	Je peux faire face à la majorité des situations que l'on peut rencontrer au cours d'un voyage dans une région où la langue est parlée. Je peux prendre part sans préparation à une conversation sur des sujets familiers ou d'intérêt personnel ou qui concernent la vie quotidienne (par exemple famille, loisirs, travail, voyage et actualité).	Je peux communiquer avec un degré de spontanéité et d'aisance qui rende possible une interaction normale avec un locuteur natif. Je peux participer activement à une conversation dans des situations familières, présenter et défendre mes opinions.	Je peux m'exprimer spontanément et couramment sans trop apparemment devoir chercher mes mots. Je peux utiliser la langue de manière souple et efficace pour des relations sociales ou professionnelles. Je peux exprimer mes idées et opinions avec précision et lier mes interventions à celles de mes interlocuteurs.	Je peux participer sans effort à toute conversation ou discussion et je suis aussi très à l'aise avec les expressions idiomatiques et les tournures courantes. Je peux m'exprimer couramment et exprimer avec précision de fines nuances de sens. En cas de difficulté, je peux faire marche arrière pour y remédier avec assez d'habileté pour que cela passe inaperçu.
PARLER — S'exprimer oralement en continu	Je peux utiliser des expressions et des phrases simples pour décrire mon lieu d'habitation et les gens que je connais.	Je peux utiliser une série de phrases ou d'expressions pour décrire en termes simples ma famille et d'autres gens, mes conditions de vie, ma formation et mon activité professionnelle actuelle ou récente.	Je peux m'exprimer de manière simple afin de raconter des expériences et des événements, mes rêves, mes espoirs ou mes buts. Je peux brièvement donner les raisons et explications de mes opinions ou projets. Je peux raconter une histoire ou l'intrigue d'un livre ou d'un film et exprimer mes réactions.	Je peux m'exprimer de façon claire et détaillée sur une grande gamme de sujets relatifs à mes centres d'intérêt. Je peux développer un point de vue sur un sujet d'actualité et expliquer les avantages et les inconvénients de différentes possibilités.	Je peux présenter des descriptions claires et détaillées de sujets complexes, en intégrant des thèmes qui leur sont liés, en développant certains points et en terminant mon intervention de façon appropriée.	Je peux présenter une description ou une argumentation claire et fluide dans un style adapté au contexte, construire une présentation de façon logique et aider mon auditeur à remarquer et à se rappeler les points importants.
ÉCRIRE	Je peux écrire une courte carte postale simple, par exemple de vacances. Je peux porter des détails personnels dans un questionnaire, inscrire par exemple mon nom, ma nationalité et mon adresse sur une fiche d'hôtel.	Je peux écrire des notes et messages simples et courts. Je peux écrire une lettre personnelle très simple, par exemple de remerciements.	Je peux écrire un texte simple et cohérent sur des sujets familiers ou qui m'intéressent personnellement. Je peux écrire des lettres personnelles pour décrire expériences et impressions.	Je peux écrire des textes clairs et détaillés sur une grande gamme de sujets relatifs à mes intérêts. Je peux écrire un essai ou un rapport, en transmettant une information ou en exposant des raisons pour ou contre une opinion donnée. Je peux écrire des lettres qui mettent en valeur le sens que j'attribue personnellement aux événements et aux expériences.	Je peux m'exprimer dans un texte clair et bien structuré et développer mon point de vue. Je peux écrire sur des sujets complexes dans une lettre, un essai ou un rapport, en soulignant les points que je juge importants. Je peux adopter un style adapté au destinataire.	Je peux écrire un texte clair, fluide et stylistiquement adapté aux circonstances. Je peux rédiger des lettres, rapports ou articles complexes, avec une construction claire permettant au lecteur d'en saisir et de mémoriser les points importants. Je peux résumer et critiquer par écrit un ouvrage professionnel ou une œuvre littéraire.

Tableau 2 - Niveaux communs de compétences — Grille pour l'auto-évaluation

CECR, pages 26 et 27

L'échelle de niveaux de compétences en langue

3. Les niveaux de compétences et les tâches communicatives

En cohérence avec la place centrale qu'occupent les tâches communicatives dans la conception de l'enseignement et de l'apprentissage des langues du CECR, toutes les définitions des niveaux de compétences proposées dans cette grille sont exprimées essentiellement par rapport à la façon dont un élève est en mesure d'effectuer certaines tâches communicatives grâce aux compétences acquises dans une langue.

Pour permettre au lecteur de mieux entrer dans la logique de la construction de cette grille, les définitions des niveaux de compétences pour la compréhension de l'écrit sont présentées ci-dessous dans le désordre et de façon « éclatée ». Il pourra retrouver sans difficulté, si possible sans consulter le tableau de la page 41, la gradation entre les descriptions proposées et associer celles-ci aux six différents niveaux de compétences A1 à C2.

1	Lire des textes relatifs à son travail, rédigés dans une langue courante.
2	Lire des articles et des rapports sur des questions contemporaines et comprendre l'attitude particulière des auteurs ou un certain point de vue.
3	Lire des lettres personnelles et comprendre la description d'événements, l'expression de sentiments et de souhaits.
4	Lire des annonces, des affiches ou des catalogues et y comprendre des noms familiers, des mots ainsi que des phrases très simples.
5	Lire sans effort tout type de texte, même abstrait ou complexe, quant au fond ou à la forme, par exemple un manuel, un article spécialisé ou une œuvre littéraire.
6	Lire des textes factuels ou littéraires longs et complexes et en apprécier les différences de style.
7	Lire des documents courants comme les petites publicités, les prospectus, les menus et les horaires et y trouver une information particulière prévisible.
8	Lire un texte littéraire contemporain en prose.
9	Lire des articles spécialisés et de longues instructions techniques même lorsqu'ils ne sont pas en relation avec mon domaine.
10	Lire des textes courts très simples et des lettres personnelles courtes et simples.

(Solution : A1 = 4 ; A2 = 7 et 10 ; B1 = 1 et 3 ; B2 = 2 et 8 ; C1 = 6 et 9 ; C2 = 5)

Précisons cependant d'emblée que le respect du contenu de cette grille s'impose essentiellement pour situer des élèves dans le continuum des différents niveaux de compétences. La prise en compte de cette grille ne signifie pas que le professeur de langue doive s'interdire, pour les entraînements qu'il met en place, d'avoir recours à des tâches ne renvoyant pas strictement à cette grille. Prenons, là aussi, un exemple : la mention d'articles de presse ou de textes littéraires n'intervient, dans cette grille, qu'à partir du niveau B2 en compréhension de l'écrit. Il serait pourtant absurde de renoncer pour autant à des textes de cette nature dans le cadre de l'enseignement d'une langue. Cela peut être tout à fait légitime pour les activités qui n'ont pas précisément pour objectif de mesurer le niveau de compétences atteint mais de faire progresser les élèves et de leur faire acquérir des savoirs et des savoir-faire. La condition reste, bien entendu, que les tâches demandées soient à leur portée et ancrées dans une situation communicative.

Examinons maintenant la partie de la grille consacrée à une autre activité langagière : écouter.

A1	Je peux comprendre des mots familiers et des expressions très courantes au sujet de moi-même, de ma famille et de l'environnement concret et immédiat, si les gens parlent lentement et distinctement.
A2	Je peux comprendre des expressions et un vocabulaire très fréquent relatifs à ce qui me concerne de très près (par exemple moi-même, ma famille, les achats, l'environnement proche, le travail). Je peux saisir l'essentiel d'annonces et de messages simples et clairs.
B1	Je peux comprendre les points essentiels quand un langage clair et standard est utilisé et s'il s'agit de sujets familiers concernant le travail, l'école, les loisirs, etc. Je peux comprendre l'essentiel de nombreuses émissions de radio ou de télévision sur l'actualité ou sur des sujets qui m'intéressent à titre personnel ou professionnel si l'on parle d'une façon relativement lente et distincte.
B2	Je peux comprendre des conférences et des discours assez longs et même suivre une argumentation complexe si le sujet m'en est relativement familier. Je peux comprendre la plupart des émissions de télévision sur l'actualité et les informations. Je peux comprendre la plupart des films en langue standard.
C1	Je peux comprendre un long discours même s'il n'est pas clairement structuré et que les articulations sont seulement implicites. Je peux comprendre les émissions de télévision et les films sans trop d'effort.
C2	Je n'ai aucune difficulté à comprendre le langage oral, que ce soit dans les conditions du direct ou dans les médias et quand on parle vite, à condition d'avoir du temps pour me familiariser avec un accent particulier.

Grille pour l'auto-évaluation (*CECR*, pages 26 et 27)

Cette grille décrit une progression dans les compétences des élèves, observées à travers des tâches mettant en œuvre, ici, l'activité langagière de compréhension de l'oral. Nous avons vu qu'il est relativement aisé de situer les définitions les unes par rapport aux autres dans un ordre de difficulté croissante.

Nous verrons dans les chapitres suivants comment un professeur de langue peut se servir de cette grille pour réfléchir à la progression qu'il souhaite suivre dans la conduite d'un groupe d'élèves ou pour évaluer leurs niveaux de compétences.

Une telle utilisation nécessite cependant de comprendre comment cette grille est construite ainsi que les informations qu'elle nous donne sur ce que recouvre exactement chacune de ses parties.

Si l'on observe attentivement la partie de la grille consacrée à la compréhension de l'oral, on peut y distinguer deux types d'informations :
– la nature des textes et thèmes abordés,
– et la performance exigée dans la réalisation des tâches.

La définition d'un niveau de compétences dans une activité langagière repose donc sur l'articulation entre ces deux informations.

	Nature des textes et thèmes abordés	Performance exigée dans la réalisation des tâches
A1	Écouter des énoncés prononcés lentement et distinctement au sujet de l'identité des interlocuteurs, de la famille ou de l'environnement immédiat et concret.	Comprendre des mots familiers et reconnaître des expressions très courantes.
A2	Écouter des énoncés ou des échanges, sur des sujets très familiers (identité, famille, achats, environnement proche, travail, ...).	Comprendre des expressions et un vocabulaire très fréquent relatifs à ces sujets.
A2	Écouter des annonces et des messages simples et clairs.	Comprendre l'essentiel de ces messages.
B1	Écouter des échanges ou des explications dans un langage clair et standard, sur des sujets familiers (travail, loisir, école, ...).	Comprendre les points essentiels.
B2	Écouter des émissions de radio ou de télévision sur l'actualité ou sur des sujets familiers.	Comprendre l'essentiel des informations transmises.
B2	Écouter des exposés ou des discours, avec une argumentation complexe, sur un sujet relativement familier.	Comprendre les informations transmises.
C1	Écouter un long discours, peu structuré et avec des articulations implicites.	Comprendre le déroulement de l'argumentation.
C1	Écouter tout type d'émissions de télévision ou de films.	Comprendre sans trop d'effort.
C2	Écouter tout type de messages et de discours, même dans des conditions rendues difficiles par l'authenticité de la situation, la rapidité du débit, un accent particulier.	Comprendre sans difficulté.

Pour aller plus loin, on s'aperçoit que ce tableau fait apparaître une **triple progression :**
– dans la **difficulté des textes** écoutés :
- énoncés simples ou échanges
- annonces et messages
- explications
- émissions de radio ou de télévision
- exposés ou discours avec une argumentation complexe
- discours peu structurés et avec une articulation implicite
- tout type de messages et de discours

– dans les **sujets traités** :
- identité, famille et environnement immédiat et concret
- sujets familiers
- actualité
- films ou émissions de télévision

– dans **l'aisance à en comprendre le contenu** :
- repérer des mots ou expressions connus
- comprendre l'essentiel des informations entendues
- comprendre l'ensemble des textes et suivre le déroulement d'un exposé
- comprendre avec plus ou moins d'effort

Il établit donc un lien assez complexe dans le niveau de compétences (de A1 à C2) entre la difficulté des documents pouvant être fournis aux élèves pour leur permettre d'évaluer leur niveau et la réussite attendue dans l'activité de compréhension.

Comprendre, par exemple, des mots familiers ou des expressions fréquentes dans un long exposé ne signifie rien quand il s'agit de mesurer le développement de la compétence communicative d'un élève. La nature du texte relève en effet du niveau B2 (ou plus) alors que la performance observée relève du niveau A1.

	Nature des textes et thèmes abordés		Performance exigée dans la réalisation des tâches
A1	Écouter des énoncés prononcés lentement et distinctement au sujet de l'identité des interlocuteurs, de la famille ou de l'environnement immédiat et concret.	A1	Comprendre des mots familiers et reconnaître des expressions très courantes.
A2	Écouter des énoncés ou des échanges, sur des sujets très familiers (identité, famille, achats, environnement proche, travail, ...).	A2	Comprendre des expressions et un vocabulaire très fréquent relatifs à ces sujets.
B1	Écouter des échanges ou des explications dans un langage clair et standard, sur des sujets familiers (travail, loisir, école, ...).	B1	Comprendre les points essentiels.
B2	Écouter des exposés ou des discours, avec une argumentation complexe, sur un sujet relativement familier.	B2	Comprendre les informations transmises.

L'échelle de niveaux de compétences en langue

Autre exemple inverse : comprendre sans effort la totalité de messages simples et clairs sur des sujets très familiers ne donne que très peu d'informations sur le degré réel de compétence en compréhension de l'oral. Dans ce cas, la performance renvoie au niveau B2, ou plus, mais la nature et le thème des énoncés entendus relèvent du niveau A2.

Nous serons amenés dans les chapitres suivants à analyser la grille de la même façon pour toutes les activités langagières, afin d'en tirer des conséquences pédagogiques.

Contentons-nous donc ici d'observer en détail une seule autre activité, de production cette fois : l'expression orale en continu.

A1	Je peux utiliser des expressions et des phrases simples pour décrire mon lieu d'habitation et les gens que je connais.
A2	Je peux utiliser une série de phrases ou d'expressions pour décrire en termes simples ma famille et d'autres gens, mes conditions de vie, ma formation et mon activité professionnelle actuelle ou récente.
B1	Je peux m'exprimer de manière simple afin de raconter des expériences et des événements, mes rêves, mes espoirs ou mes buts. Je peux brièvement donner les raisons et explications de mes opinions ou projets. Je peux raconter une histoire ou l'intrigue d'un livre ou d'un film et exprimer mes réactions.
B2	Je peux m'exprimer de façon claire et détaillée sur une grande gamme de sujets relatifs à mes centres d'intérêt. Je peux développer un point de vue sur un sujet d'actualité et expliquer les avantages et les inconvénients de différentes possibilités.
C1	Je peux présenter des descriptions claires et détaillées de sujets complexes, en intégrant des thèmes qui leur sont liés, en développant certains points et en terminant mon intervention de façon appropriée.
C2	Je peux présenter une description ou une argumentation claire et fluide dans un style adapté au contexte, construire une présentation de façon logique et aider mon auditeur à remarquer et à se rappeler les points importants.

Grille pour l'auto-évaluation (*CECR*, pages 26 et 27)

Une autre distinction peut y être reconnue :

	Objet de la prise de parole	Performance exigée dans la réalisation des tâches
A1	Décrire son lieu d'habitation et les gens que l'on connaît.	Effectuer la tâche à l'aide de phrases simples.
A2	Décrire sa famille et d'autres gens, ses conditions de vie, sa formation et son activité professionnelle actuelle ou récente.	Effectuer la tâche en des termes simples, par une juxtaposition (série) de phrases ou d'expressions.
B1	Raconter des expériences et des événements, ses rêves, ses espoirs ou ses buts.	Effectuer la tâche en articulant les énoncés par des connecteurs simples.
B1	Donner les raisons et explications de ses opinions ou projets.	Effectuer la tâche en articulant les énoncés par des connecteurs logiques simples (expression de la cause, de la conséquence, de l'opposition, etc.).
B1	Raconter une histoire ou l'intrigue d'un livre ou d'un film et exprimer ses réactions.	Effectuer la tâche en articulant les énoncés, notamment par des connecteurs chronologiques simples, et en distinguant le récit et les réactions au contenu du récit.
B2	S'exprimer sur une grande gamme de sujets relatifs à ses centres d'intérêt.	Effectuer la tâche de façon claire et détaillée.
B2	Développer un point de vue sur un sujet d'actualité et expliquer les avantages et les inconvénients de différentes possibilités.	Effectuer la tâche en faisant apparaître clairement une argumentation.
C1	Présenter des descriptions de sujets complexes.	Effectuer la tâche de façon claire et détaillée en intégrant des sous-thèmes, en détaillant certains points et en terminant son intervention de façon appropriée.
C2	Présenter une description ou une argumentation sur tout sujet.	Effectuer la tâche de façon claire et fluide, dans un style adapté au contexte, avec une construction logique et permettant à l'auditeur de remarquer les points importants.

Cette analyse succincte permet de dégager une distinction entre les niveaux de compétences reposant cette fois sur la combinaison entre
- d'une part les thèmes à traiter dans une intervention orale (soi-même ou son environnement immédiat ; expériences, sentiments ou avis personnels ; histoires, événements ou intrigue de roman ou de film ; sujets d'actualité ; sujets complexes),
- et d'autre part la construction formelle de l'intervention (juxtaposition de phrases simples ; utilisation de connecteurs simples ; mise en relief d'une argumentation ; construction satisfaisant aux exigences formelles d'une communication orale devant un auditoire).

4. Une définition des niveaux de compétences exclusivement positive

Il est très important de noter, par exemple, que la colonne de droite du tableau précédent, concernant l'expression orale en continu, ne se réfère qu'à la maîtrise des agencements entre les énoncés et à la construction du discours. Elle est muette sur la qualité de la syntaxe et de la morphologie.

Cette dernière remarque conduit à mettre également en exergue une caractéristique fondamentale de l'échelle de niveaux du CECR : elle repose sur une approche résolument positive de la définition des niveaux de compétences.

L'échelle de niveaux proposée marque une rupture avec la tradition dont s'inspire encore la pratique majoritaire dans les évaluations et qui consiste à évaluer le niveau de compétences des élèves dans une langue, en comparaison avec l'idéal que représente le modèle du locuteur natif de cette langue. Cela serait éventuellement pertinent si cette comparaison s'opérait sur les tâches communicatives que l'on peut ou que l'on ne peut pas effectuer avec la langue. Force est de constater, hélas, que, souvent, cette évaluation tend à marquer au rouge, au propre comme au figuré, essentiellement les erreurs dans la maîtrise du code linguistique. L'évaluation traditionnellement opérée en langues vivantes est plutôt une évaluation négative qui consiste à ôter d'une note potentielle un nombre de points correspondant au nombre ou à la « gravité » des erreurs commises.

Or, on cherchera en vain dans l'échelle de niveaux du Conseil de l'Europe une seule mention négative pour définir ces niveaux. L'unique critère appliqué consiste à définir des degrés de réussite des élèves dans les tâches pouvant être effectuées avec la langue apprise. Tout au plus rencontre-t-on, dans telle ou telle définition, une restriction dans l'aisance avec laquelle une tâche est effectuée (« doit être aidé par l'interlocuteur », « doit demander de répéter », etc.).

5. Les listes de repérage du *Portfolio européen des langues*

Les tâches et les activités langagières sont omniprésentes dans les définitions des niveaux de compétences. De même, elles se trouvent quotidiennement au centre de la relation pédagogique entre le professeur et les élèves. Elles sont au cœur de tout apprentissage linguistique.

Dès lors, il apparaît que les définitions proposées dans la grille pour l'auto-évaluation par activité de communication (page 41) permettent certes de distinguer ces niveaux les uns par rapport aux autres, mais elles ne suffisent pas aux besoins réguliers des élèves s'ils veulent faire le point sur leur progression et se fixer des objectifs d'apprentissage. Elles ne sont évidemment pas assez développées ni assez précises.

De plus, comme nous l'avons vu au chapitre 2, l'enjeu pédagogique réside dans la mise en relation entre ces niveaux de compétences et des tâches communicatives adaptées.

C'est ici qu'interviennent les listes de repérage qui constituent une partie essentielle du *Portfolio européen des langues*.

Ces listes fournissent, pour chaque niveau de compétences dans cinq activités langagières, des descripteurs plus détaillés. Les utilisateurs pourront, à l'aide de ces descripteurs, repérer s'ils remplissent effectivement les exigences formulées dans les définitions de niveaux de compétences.

La relation étroite entre l'échelle globale de niveaux de compétences (*cf.* page 37), la grille pour l'auto-évaluation et les listes de repérage figurant dans le *Portfolio européen des langues* apparaît clairement dès qu'on les rapproche.

Prenons l'exemple du niveau A1, observé sous l'angle de l'activité d'interaction orale (parler avec quelqu'un).

Échelle globale de niveaux de compétences
Peut comprendre et utiliser des expressions familières et quotidiennes ainsi que des énoncés très simples qui visent à satisfaire des besoins concrets. Peut se présenter ou présenter quelqu'un et poser à une personne des questions la concernant – par exemple, sur son lieu d'habitation, ses relations, ce qui lui appartient, etc. – et peut répondre au même type de questions. Peut communiquer de façon simple si l'interlocuteur parle lentement et distinctement et se montre coopératif.

CECR, page 25

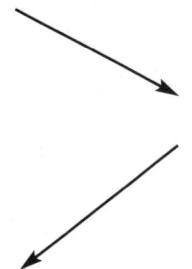

Grille pour l'auto-évaluation (expression orale en interaction)
Je peux communiquer, de façon simple, à condition que l'interlocuteur soit disposé à répéter ou à reformuler ses phrases plus lentement et à m'aider à formuler ce que j'essaie de dire. Je peux poser des questions simples sur des sujets familiers ou sur ce dont j'ai immédiatement besoin, ainsi que répondre à de telles questions.

CECR, page 26

Descripteurs correspondants dans le *Portfolio européen des langues*
Je peux dire qui je suis, où je suis né(e), où j'habite et demander le même type d'informations à quelqu'un.
Je peux dire ce que je fais, comment je vais et demander à quelqu'un de ses nouvelles.
Je peux présenter quelqu'un, saluer et prendre congé.
Je peux parler simplement des gens que je connais et poser des questions à quelqu'un.
Je peux répondre à des questions personnelles simples et en poser.
Je peux demander un objet ou un renseignement à quelqu'un ou le lui donner s'il me le demande.
Je sais compter, indiquer des quantités et donner l'heure.
Je peux suivre des indications simples et en donner, par exemple pour aller d'un endroit à un autre.
Je peux proposer ou offrir quelque chose à quelqu'un.
Je peux parler d'une date ou d'un rendez-vous en utilisant, par exemple, « la semaine prochaine », « vendredi dernier », « en novembre », « à trois heures ».

La confrontation montre leur rôle respectif :
- Les descripteurs du PEL listent **une série (non exhaustive) de tâches concrètes** qu'un élève, qui se trouve au niveau A1 en interaction orale, est capable de réaliser avec la langue étudiée. Cette liste de descripteurs décline en fait ce qui est indiqué dans la grille pour l'auto-évaluation (« poser des questions simples sur des sujets familiers ou sur ce dont j'ai immédiatement besoin, ainsi que répondre à de telles questions »).
- La grille pour l'auto-évaluation, elle, précise en plus **les contraintes ou les aides extérieures** avec lesquelles ces tâches sont à effectuer (ici, par exemple, avec la coopération de l'interlocuteur, qui est « disposé à répéter, à reformuler, qui parle " lentement " et qui " aide " l'élève, si besoin est, à formuler ses propres énoncés »). De plus, elle donne des indications sur **la façon dont l'élève doit réaliser ces tâches** : ici, au moyen d'énoncés simples.

Ainsi, pour exécuter la tâche « dire qui je suis », l'énoncé produit par un élève dans une situation de dialogue « I'm Claude » ou « Ich heiße Pierre » ou « Me llamo Antoine » ou encore « Mi chiamo Robert » suffira pour remplir la condition formelle exigée à ce niveau de compétences. Un énoncé d'une autre élève comme « Let me introduce myself. My name is Malika », ou « Darf ich mich vorstellen? Ich heiße Malika », ne renvoie évidemment pas à ce niveau A1. Pour apprécier le niveau en langue de Malika, le recours à une autre tâche sera nécessaire. Elle devra être sélectionnée parmi les descripteurs des autres niveaux de compétences. Le fait que Malika soit capable de se présenter dans la langue concernée n'a plus aucun intérêt pour le niveau de maîtrise atteint dans la langue. C'est en lui proposant une tâche relevant du niveau B2 ou C1 que l'on pourra diagnostiquer le niveau où elle se situe dans l'interaction orale.

Pour comprendre la portée de cette grille d'auto-évaluation, il convient également de bien voir qu'elle constitue un continuum. Dans la définition d'un niveau particulier, il est présumé que le niveau inférieur dans l'échelle est maîtrisé. Être au niveau B2 de compréhension de l'oral dans une langue suppose que l'on soit capable de réaliser ce qui est défini dans la partie correspondante de la grille mais également dans les parties correspondant aux niveaux A1 à B1 pour la même activité langagière.

La grille pour l'auto-évaluation et les descripteurs du PEL sont complémentaires pour permettre aux élèves et aux professeurs d'estimer si un niveau de compétences particulier est effectivement atteint.

Les tâches communicatives, centrales dans la conception de l'apprentissage et de l'enseignement du CECR, ont depuis longtemps été la marque de l'approche communicative. L'insistance sur l'approche actionnelle, permanente dans le document du Conseil de l'Europe, ne signifie pas en soi un bouleversement de perspective dans l'enseignement des langues en France.

Les catégories associées à la notion de tâche représentent en revanche un ensemble porteur d'innovations pédagogiques. C'est l'interrogation globale portant sur les activités langagières en œuvre dans une tâche, sur les compétences en jeu et sur les conditions de réalisation de chaque tâche qui constitue l'apport principal du CECR dans ce domaine. La formalisation de cet ensemble de facteurs pour concevoir des tâches communicatives efficaces permet de mesurer le chemin parcouru dans la didactique des langues vivantes en Europe. Elle constitue une aide extrêmement précieuse pour les enseignants de langue.

La cohérence de l'ensemble de ces paramètres et catégories ne signifie pas qu'un enseignement digne de ce nom doive satisfaire à un modèle implicite, comme cela a pu être le cas dans des méthodologies antérieures. La logique même de la conception du CECR implique une adaptation à des contextes particuliers et peut notamment rendre légitime la focalisation sur telle ou telle composante des compétences des élèves. Mais, quels que soient ses choix ou les contraintes, tout enseignant de langue a intérêt à apprendre à analyser ces situations et ces démarches, à l'aide des catégories proposées par le CECR, pour faire le point sur ses pratiques, apporter les correctifs qui lui sembleront souhaitables et possibles et pouvoir échanger avec d'autres enseignants. C'est sans doute l'un des apports les plus riches du CECR pour les pratiques d'enseignement des langues vivantes.

Pendant cette première partie, nous avons « voyagé » à l'intérieur du CECR pour mettre en évidence quelques éléments essentiels. Leur formulation plus complète pourra être consultée dans les chapitres suivants du CECR :
– chapitre 2, pages 15 à 22 : l'approche retenue (définition de la perspective actionnelle, des compétences générales individuelles, de la compétence communicative, des activités langagières et des domaines) ;
– chapitre 3, pages 23 à 38 : les niveaux communs de référence ;
– chapitre 4, pages 39 à 80 : l'utilisation de la langue et l'apprenant/utilisateur (contexte d'utilisation de la langue, thèmes de communication, tâches communicatives, opérations de communication langagière et textes) ;
– chapitre 7, pages 121 à 127 : les tâches et leur rôle dans l'enseignement des langues.

PARTIE 2

Le *Cadre européen commun de référence pour les langues* et le *Portfolio européen des langues,*

deux outils pour enseigner une langue vivante et développer l'autonomie des élèves

INTRODUCTION

LE CECR ET LES PROGRAMMES DE LANGUES VIVANTES

La tâche des enseignants est largement facilitée quand les programmes sont définis en relation avec le CECR, comme le montre l'exemple des programmes de langues vivantes en France. En effet, ces programmes ne se contentent pas de fixer les niveaux de compétences à atteindre en ce qui concerne la maîtrise de la langue, par rapport aux niveaux de compétences proposés par le CECR (*cf.* page 38). Ils énoncent également les contenus de l'enseignement dispensé. Quand on examine ces contenus, on constate une très forte concordance avec les indications fournies dans le CECR et précisées dans le PEL.

Observons la forme que prend cette prise en compte du CECR pour les différents moments du cursus scolaire.

Dans les programmes de l'école primaire et du collège (début de l'enseignement secondaire), une place importante est accordée à l'approche fonctionnelle. Ces programmes présentent les fonctions langagières (dire comment on s'appelle, faire une proposition, souhaiter un bon anniversaire à quelqu'un, …) qu'un élève doit apprendre à réaliser à l'aide d'énoncés adaptés et qui peuvent d'ailleurs correspondre à des tâches simples (se présenter, demander son chemin, …). Dans la plupart des cas, on constate une relation étroite entre ces listes et les descripteurs des niveaux A1 et A2 du PEL pour le collège.

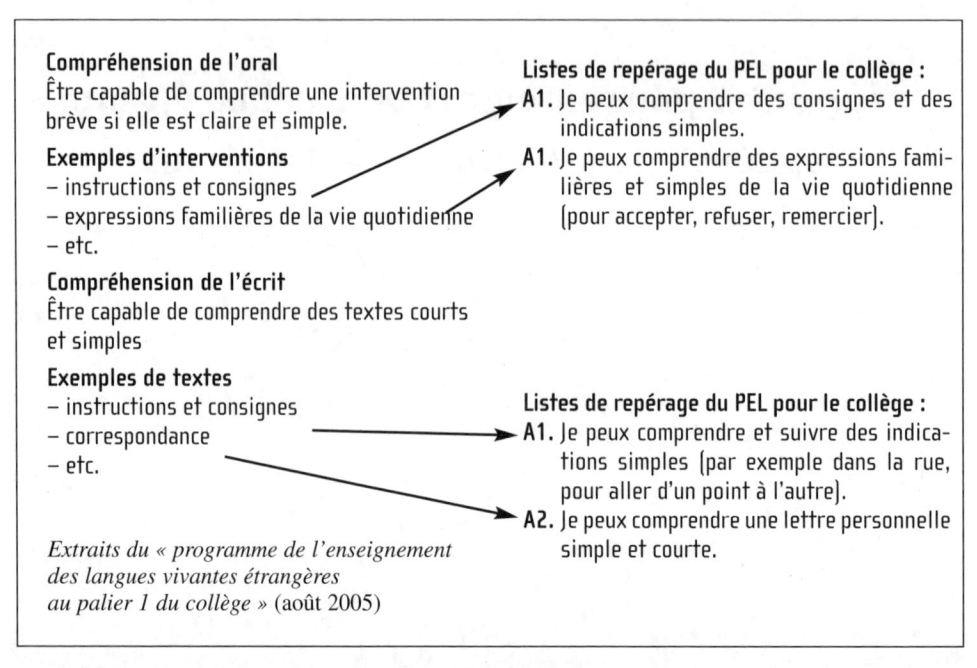

Compréhension de l'oral
Être capable de comprendre une intervention brève si elle est claire et simple.

Exemples d'interventions
– instructions et consignes
– expressions familières de la vie quotidienne
– etc.

Compréhension de l'écrit
Être capable de comprendre des textes courts et simples

Exemples de textes
– instructions et consignes
– correspondance
– etc.

Extraits du « programme de l'enseignement des langues vivantes étrangères au palier 1 du collège » (août 2005)

Listes de repérage du PEL pour le collège :
- **A1.** Je peux comprendre des consignes et des indications simples.
- **A1.** Je peux comprendre des expressions familières et simples de la vie quotidienne (pour accepter, refuser, remercier).

Listes de repérage du PEL pour le collège :
- **A1.** Je peux comprendre et suivre des indications simples (par exemple dans la rue, pour aller d'un point à l'autre).
- **A2.** Je peux comprendre une lettre personnelle simple et courte.

Les points communs ne se limitent pas à ces listes de fonctions. Ils concernent tout autant les autres composantes des programmes.

Dès l'école primaire, le développement de stratégies joue un rôle dans l'apprentissage. Il est aisé de retrouver parmi les descripteurs du PEL des recommandations formulées dans les programmes. Nous prendrons l'exemple de l'interaction orale.

Stratégies
L'élève aura pris l'habitude de :
– utiliser des procédés simples pour commencer, poursuivre et terminer une conversation brève ;
– utiliser quelques onomatopées (maintien du contact / réactions / marques d'hésitations / surprise / dégoût) et des expressions figées pour réagir ou relancer la conversation ;
– indiquer que l'on a compris ou que l'on n'a pas compris ;
– demander répétition ou reformulation ;
– recourir à différents types de questions ;
– adapter l'intonation aux types d'énoncés ;
– solliciter l'avis de l'interlocuteur ;
– exprimer une opinion, l'accord et le désaccord ;
– utiliser une gestuelle adaptée (codes culturels)...

Extraits du « programme de l'enseignement des langues vivantes étrangères au palier 1 du collège » (août 2005)

Listes de repérage du PEL pour le collège :
A1. Parler avec quelqu'un : mes astuces
  ➤ Je peux dire que je ne comprends pas et demander de répéter plus lentement et de reformuler.
  ➤ Quand je ne connais pas un mot, je peux demander comment on le dit et le répéter.
  ➤ Je peux demander à quelqu'un d'épeler un mot que je ne comprends pas ou que je ne connais pas.

Listes de repérage du PEL pour le collège :
A2. Parler avec quelqu'un : mes astuces
  ➤ Si j'utilise un mot dont je ne suis pas sûr(e) du sens, je peux faire des gestes pour clarifier ce que je veux dire.
  ➤ Quand je ne sais pas dire le nom de ce que je veux, je peux l'obtenir quand même en désignant du doigt et en disant : « Je voudrais cela, s'il vous plaît. »
  ➤ Je peux indiquer que je ne comprends pas ce qu'on me dit et demander de répéter ou de m'expliquer un mot.

Bien évidemment, la correspondance entre le contenu des programmes et le CECR ou le PEL concerne aussi la compétence communicative. La distinction entre expression orale en continu et expression orale en interaction a trouvé également sa traduction dans les programmes.

« Il convient de distinguer et de développer au collège l'expression orale dans sa double dimension (expression orale en continu, interaction orale), chacune faisant appel à des situations d'énonciation et à des capacités qu'il convient de valoriser et d'évaluer pour elles-mêmes... »

Extraits du « programme de l'enseignement des langues vivantes étrangères au palier 1 du collège » (août 2005)

Tout cela serait incomplet et peu satisfaisant si cette concordance n'incluait pas aussi les compétences grammaticales et lexicales. Or, par définition, le CECR, outil commun à toutes les langues, ne peut pas préciser les contenus linguistiques nécessaires pour effectuer des activités langagières aux différents niveaux de compétences.

C'est pourquoi il faut englober dans « l'utilisation du CECR » une activité complémentaire : la spécification, langue par langue, des contenus linguistiques correspondant aux niveaux de compétences. Ces contenus ont déjà fait l'objet d'une publication pour le français langue étrangère (*Référentiel pour le FLE*, Éditions Didier, 2004) et pour l'allemand (*Profile deutsch, Langenscheidt*, 2005). Ils sont en cours d'élaboration pour d'autres langues européennes.

Ces spécifications sont élaborées par des experts des pays concernés par les différentes langues : Communauté francophone de Belgique et du Québec, France et Suisse francophone pour le français langue étrangère ; Allemagne, Autriche et Suisse germanophone pour l'allemand.

L'allemand étant la seule langue vivante étrangère en France, à cette date, à être dotée de ces spécifications pour les niveaux A1 à C2, on peut comparer par exemple les contenus grammaticaux retenus par les auteurs de *Profile deutsch* pour le niveau A2 avec les exigences du programme pour le palier 1 du collège (niveau A2) et constater une très forte correspondance.

La cohérence de la référence au CECR dans les programmes de collège a conduit les auteurs à des choix. On peut s'attendre à ce qu'ils soient confirmés, langue par langue, au fur et à mesure de la publication des spécifications spécifiques.

Dans la dynamique créée par le CECR, nous pouvons parler de **l'installation progressive d'un espace européen de partage de références communes, par exemple par la spécification de contenus langue par langue, et de confiance réciproque dans les niveaux de compétences attestés par les diplômes et les examens dans chaque pays**, d'où l'importance de développer également une expertise dans l'évaluation des niveaux réels des élèves en référence au CECR.

Un lecteur attentif aura observé en lisant ces remarques que les programmes du second cycle du second degré n'ont pas été mentionnés. En effet, ces programmes ne formulent que peu de contenus linguistiques à enseigner. Cependant, ils fixent clairement les niveaux de compétences à faire atteindre en fin de cycle terminal, en relation avec les indications du CECR. Ils confient donc aux enseignants la tâche de consolider les acquis des élèves et de les faire progresser vers ces niveaux de compétences, ce qui signifie aussi implicitement un renvoi aux indications correspondantes dans le CECR.

En revanche, il apparaît enfin nettement que le CECR ne précise pas les contenus culturels à transmettre ni les composantes de la compétence interculturelle à faire acquérir. Nous avons vu au chapitre 1 que la démarche proposée par le CECR intègre, mais ne développe pas cette dimension. Le CECR ne peut donc pas suffire pour mettre en œuvre la totalité des programmes.

Ce propos initial a pour finalité de montrer que le CECR et le PEL ne représentent pas une alternative aux programmes de langues vivantes. Ces deux outils sont des aides précieuses destinées à mettre en œuvre la dimension langagière de ces programmes, dans leur lettre, dans leur esprit et dans leur contribution à l'exercice d'une responsabilité partagée en Europe en matière d'enseignement des langues vivantes et d'évaluation des niveaux de compétences atteints par les élèves.

Dans les trois chapitres de cette seconde partie, nous aurons souvent recours à des expressions telles que « il convient de … », « le professeur doit », « il faut … » et d'autres formulations aussi contraignantes. Elles sont à lire dans le contexte d'une réflexion sur ce qui caractérise une démarche pédagogique intégrant le CECR et le PEL. Nous demandons bien évidemment au lecteur d'ajouter mentalement après chacune de ces expressions « si le professeur souhaite appliquer de façon conséquente ces outils du Conseil de l'Europe ».

CHAPITRE 1

UTILISER LE CECR ET LE PEL POUR CONDUIRE LA CLASSE

Prendre en compte le CECR dans la conduite de la classe de langue et dans la progression suivie avec un groupe d'élèves signifie avant tout mettre au centre du travail avec les élèves les tâches communicatives. Nous avons vu au chapitre 2 de la partie 1 ce que le CECR entend précisément par « tâches » et comment un professeur peut analyser une unité pédagogique de son manuel pour identifier les tâches proposées, voire pour adapter ou compléter ce matériel pédagogique par des tâches mieux adaptées aux besoins particuliers de sa classe.

D'une façon générale, il est souhaitable de respecter une progressivité dans les apprentissages, dont le fil conducteur pourra être fourni en grande partie par la grille pour l'auto-évaluation (*cf.* page 41) et les listes de repérage du PEL. Sur la base d'un bilan, ponctuel ou progressif, des compétences des élèves et des tâches qu'ils sont capables d'effectuer avec la langue, le professeur pourra fixer les axes principaux de développement des compétences langagières. Selon les choix pédagogiques de l'équipe pédagogique ou de l'enseignant, il est même possible de définir une programmation focalisant l'attention du groupe pendant une période sur un couple d'activités langagières (par exemple compréhension orale et expression orale). Cela permet effectivement une visibilité accrue des objectifs de la démarche pédagogique et des progrès réalisés, grâce notamment au PEL. La situation privilégiée pour ce travail est bien entendu la constitution de groupes d'élèves présentant globalement le même profil de compétences. Mais les pages qui suivent ont pour ambition de montrer que l'intérêt d'une exploitation par un enseignant des ressources du CECR et du PEL est effectif quelles que soient les conditions d'enseignement et d'apprentissage.

Ce chapitre proposera donc quelques pistes pour intégrer progressivement le CECR et le PEL dans les pratiques pédagogiques.

1. Définir des priorités dans la construction des tâches communicatives

Nous avons souligné dans le deuxième chapitre, à l'aide de nombreux exemples, que, dans les manuels, les tâches proposées peuvent répondre à des priorités très différentes : la priorité peut y être donnée au développement de stratégies, de la compétence linguistique ou pragmatique, au savoir socioculturel, ….

Selon la spécificité de la langue enseignée et selon les besoins de sa classe, un professeur pourra privilégier des tâches présentant une pondération particulière entre les différentes composantes d'une tâche communicative. Il gagnera cependant à chercher à ne négliger aucun aspect. En effet, le CECR met en évidence que toutes ces composantes sont complémentaires pour la réussite des élèves dans l'apprentissage d'une langue vivante.

Pour aider dans ces choix, le CECR propose des grilles consacrées à plusieurs de ces composantes, identifiant une progression dont tout professeur de langue peut s'inspirer, par exemple pour le développement des stratégies. Ces grilles figurent au chapitre 4 du CECR, pages 49 à 72. À titre d'exemple, nous en reproduirons deux, extraites des trente-huit grilles présentes dans le texte du Conseil de l'Europe.

	COOPÉRATION À VISÉE FONCTIONNELLE
	(Par exemple, réparer une voiture, discuter un document, organiser quelque chose)
C2	Comme B2
C1	Comme B2
B2	Peut comprendre avec sûreté des instructions détaillées. Peut faire avancer le travail en invitant autrui à s'y joindre, à dire ce qu'il pense, etc. Peut esquisser clairement à grands traits une question ou un problème, faire des spéculations sur les causes et les conséquences, et mesurer les avantages et les inconvénients des différentes approches.
B1	Peut suivre ce qui se dit mais devoir occasionnellement faire répéter ou clarifier si le discours des autres est rapide et long. Peut expliquer pourquoi quelque chose pose problème, discuter de la suite à donner, comparer et opposer les solutions. Peut commenter brièvement le point de vue d'autrui. Peut, en règle générale, suivre ce qui se dit et, le cas échéant, peut rapporter en partie ce qu'un interlocuteur a dit pour confirmer une compréhension mutuelle. Peut faire comprendre ses opinions et réactions par rapport aux solutions possibles ou à la suite à donner, en donnant brièvement des raisons et des explications. Peut inviter les autres à donner leur point de vue sur la façon de faire.
A2	Peut comprendre suffisamment pour gérer un échange courant et simple sans effort excessif, en demandant en termes très simples de répéter en cas d'incompréhension. Peut discuter de ce que l'on fera ensuite, répondre à des suggestions et en faire, demander des directives et en donner. Peut indiquer qu'il/elle suit et peut être aidé(e) à comprendre l'essentiel si le locuteur en prend la peine. Peut communiquer au cours de simples tâches courantes en utilisant des expressions simples pour avoir des objets et en donner, pour obtenir une information simple et discuter de la suite à donner.
A1	Peut comprendre les questions et instructions formulées lentement et soigneusement, ainsi que des indications brèves et simples. Peut demander des objets à autrui et lui en donner.

CECR, page 65

	PLANIFICATION
C2	Comme B2
C1	Comme B2
B2	Peut planifier ce qu'il faut dire et les moyens de le dire en tenant compte de l'effet à produire sur le(s) destinataire(s).
B1	Peut préparer et essayer de nouvelles expressions et combinaisons de mots et demander des remarques en retour à leur sujet. Peut prévoir et préparer la façon de communiquer les points importants qu'il/elle veut transmettre en exploitant toutes les ressources disponibles et en limitant le message aux moyens d'expression qu'il/elle trouve ou dont il/elle se souvient.
A2	Peut tirer de son répertoire une série d'expressions appropriées et les préparer en se les répétant.
A1	Pas de descripteur disponible.

CECR, page 53

La grille ci-dessus propose une progression dans la « planification » d'une tâche de production orale en continu (présentation ou description, compte rendu, exposé, …). Tout professeur verra aisément que l'utilisation des repères fournis peut l'aider à aménager facilement une tâche prévue dans son manuel ou à créer une nouvelle tâche. Il lui suffit de donner des conseils aux élèves sur la manière de préparer leur intervention et de leur préciser ce qu'il attend d'eux dans la réalisation de la tâche, en s'appuyant explicitement sur le contenu de cette grille.

1.1. Assurer la continuité entre classes et entre cycles d'enseignement

La continuité dans les apprentissages est une nécessité primordiale pour permettre une progression des élèves. Faciliter l'expérience de progrès dans l'utilisation de la langue apprise, c'est tout d'abord permettre à chacun de mobiliser avec succès ses acquis antérieurs pour les nouvelles tâches qui lui sont demandées.

Ici encore, c'est la notion de tâche qui s'impose. L'attention portée à une seule des composantes de la compétence communicative, compétence grammaticale ou lexicale par exemple, rend plus difficile la prise de conscience par l'élève de la continuité des apprentissages. Nous illustrerons cette question délicate par des extraits d'un manuel français pour l'enseignement de l'anglais en primaire et au début de l'enseignement secondaire (classe de sixième en collège).

Pour mieux cerner notamment les possibilités de continuité entre cours moyen et sixième, nous pouvons rechercher ce qui fait l'objet d'un apprentissage dans un manuel d'anglais pour la fin de l'enseignement primaire (*Domino & Co*, 2005) et identifier les tâches ou situations renvoyant aux descripteurs du PEL.

A1 Parler avec quelqu'un

- Je peux dire qui je suis, où je suis né(e), où j'habite et demander le même type d'informations à quelqu'un.
    - Je peux dire comment je m'appelle.
    - Je peux épeler mon nom.
    - Je peux demander son nom à quelqu'un.
- Je peux dire ce que je fais, comment je vais et demander à quelqu'un de ses nouvelles.
    - Je peux dire comment je vais et demander à quelqu'un comment il va.
- Je peux présenter quelqu'un, saluer et prendre congé.
    - Je peux présenter quelqu'un en disant son prénom.
    - Je peux présenter quelqu'un en précisant son lien avec moi (parent, ami).
    - Je peux demander le nom de quelqu'un d'autre.
- Je peux utiliser des expressions familières et simples de la vie quotidienne.
    - Je peux remercier.
    - Je peux souhaiter un bon anniversaire à un camarade.
    - Je peux souhaiter un joyeux Noël.
- Je peux parler simplement des gens que je connais et poser des questions à quelqu'un.
    - Je peux indiquer une qualité ou une caractéristique de quelqu'un.
    - Je peux décrire quelqu'un.
    - Je peux indiquer la couleur de quelque chose.
- Je peux répondre à des questions personnelles simples et en poser.
    - Je peux dire si quelque chose est vrai ou faux.
    - Je peux dire le temps qu'il fait.
    - Je peux dire ce que je suis capable de faire.
    - Je peux dire ce que j'aime faire et ce que je n'aime pas faire.
    - Je peux demander à quelqu'un ce qu'il aime faire.

- Je sais compter, indiquer des quantités et donner l'heure.
    Je sais compter jusqu'à 12.
    Je sais faire une addition, une soustraction et une division simple.
    Je peux donner un numéro de téléphone.
    Je peux dire mon âge et demander l'âge de quelqu'un.
- Je peux proposer ou offrir quelque chose à quelqu'un.
    Je peux demander quelque chose à quelqu'un.
- Je peux parler d'une date ou d'un rendez-vous en utilisant, par exemple, « la semaine prochaine », « vendredi dernier », « en novembre », « à trois heures ».
    Je peux indiquer quel jour nous sommes, ainsi que celui de la veille ou du lendemain.

A1 Écouter et comprendre

- Je peux comprendre des consignes et des indications simples.
    Je peux comprendre les consignes de travail dans la classe.
    Je peux comprendre des expressions familières
    (salutations, remerciements, vœux…).

A1 S'exprimer en continu

- Je peux faire des phrases en utilisant « et », « mais », « alors ».
    Je peux décrire ma famille.
    Je peux dire quels animaux je possède.
    Je peux faire des phrases reliées par « et ».

A1 Écrire

- Je peux copier des mots, des expressions, des phrases courtes, des consignes simples, sans faire d'erreurs.
- Je peux remplir un formulaire avec mon nom, ma nationalité, mon âge, mon adresse.

Il apparaît clairement que cette liste offre autant de pistes pour inscrire le travail effectué en sixième dans une continuité visible : donner l'occasion aux élèves de mobiliser les savoirs liés à ces situations et tâches et enrichir les moyens d'expression ou de compréhension à leur disposition. Nous devons cependant revenir sur ces deux aspects.

Tout d'abord sur la continuité dans les tâches mises en œuvre. Le chapitre 2 de la partie 1 nous a montré que, dans les paramètres définissant une tâche, la situation extérieure joue toujours un rôle, lequel est particulièrement important au début de l'apprentissage d'une langue. Pour permettre une véritable continuité de l'enseignement entre l'école primaire et la classe de sixième, il sera donc indispensable de prêter attention à la continuité des situations dans lesquelles les tâches doivent être effectuées par les élèves.

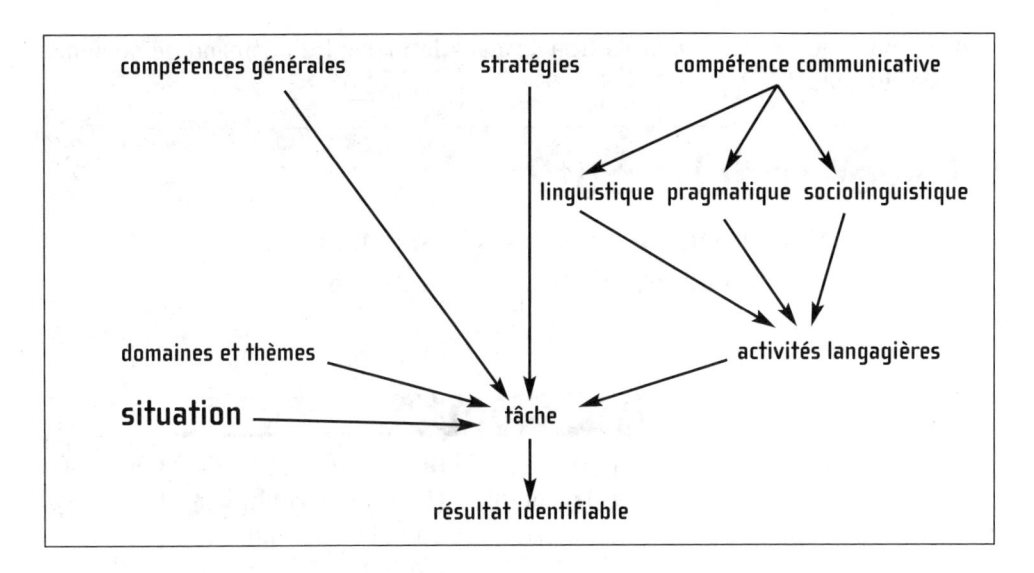

[Schéma : compétences générales, stratégies, compétence communicative (linguistique, pragmatique, sociolinguistique) → activités langagières ; domaines et thèmes, situation → tâche → résultat identifiable]

Prenons pour exemple une tâche communicative qui fait l'objet d'un apprentissage à l'école primaire et qui est reprise dans les manuels de sixième, « accepter ou refuser une proposition », et regardons comment elle est présentée dans un manuel destiné à l'école primaire.

[Illustration : **3** Willst du? — *Willst du Fußball spielen?* / *Nein!* / *Willst du tanzen?* / *Ja!!*]

Les élèves travaillant avec ce manuel à l'école primaire ont donc appris à comprendre des propositions faites sous une forme simple et à réagir par la réponse

Utiliser le CECR et le PEL pour conduire la classe **61**

« oui » ou « non ». Que vont-ils trouver dans le manuel d'allemand de sixième, l'année suivante ?

---

1. Wer macht mit?

Florian fragt Kai, Heiko, Claudia, Kim und Madita.
Hör zu und kreuze die richtige Antwort an!

Erste Hilfe

JA	NEIN
Ja, (gern).	(Nein,) das geht nicht.
Ja, (klar).	Da habe ich schon …
	Ich habe keine Lust.

Script de l'enregistrement :

Florian : Am Montag ist Handball. Wer macht mit? Du Kai?
Kai : Ja, gern.

Florian : Kim, machst du mit?
Kim : Das geht nicht: Da habe ich schon Computerkurs.

Florian : Und du Claudia, machst du auch mit?
Claudia : Klar!

Florian : Und du Madita, hast du Lust?
Madita : Nein, ich habe keine Lust.

Florian : Und du Heiko? Machst du mit?
Heiko : Nein, ich habe schon so viel.

Livre du professeur

La tâche porte effectivement sur la même fonction langagière mais prend une forme très différente. Il s'agit ici pour l'élève de comprendre des propositions faites, non plus à lui-même, dans des énoncés isolés, mais à des tierces personnes, dans un dialogue contenant plusieurs échanges, et de repérer si ces interlocuteurs acceptent ou refusent ces propositions. De plus, la forme simple « willst du…? » n'est pas reprise. Les énoncés contiennent des formes linguistiques plus complexes (« machst du mit? / gern / klar / das geht nicht / … »).

Dans un souci de continuité, le professeur d'allemand qui a dans sa classe des élèves ayant travaillé avec le manuel pour l'école primaire cité plus haut devra donc introduire, même de façon simple, l'activité prévue par ce manuel par une reprise de la forme « willst du…? » en s'adressant directement aux élèves, avant d'enrichir les énoncés des élèves par les autres formes linguistiques prévues dans la progression de son manuel. Il est bien sûr possible que cette classe de sixième compte des élèves issus d'autres écoles primaires et n'ayant pas travaillé avec ce manuel. Dans ce cas, le professeur pourra faire en sorte de solliciter, avant tout, les élèves censés maîtriser ces énoncés. Cette démarche est évidemment facilitée par des « documents passerelles » entre école et collège précisant ces divers paramètres.

Choisissons maintenant au hasard une tâche figurant dans un manuel d'anglais à l'école primaire, et comparons-la avec celle que propose le manuel de sixième de cette même langue.

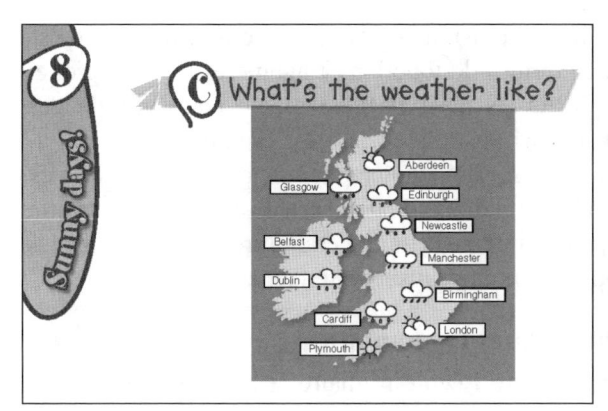

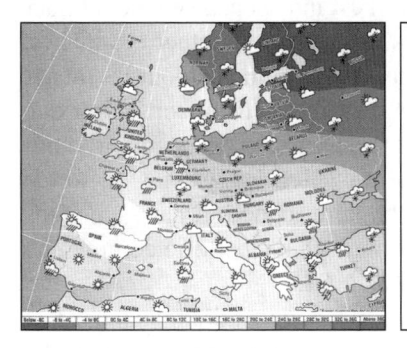

Utiliser le CECR et le PEL pour conduire la classe 63

La tâche est identique. Il s'agit de dire le temps qu'il fait. La situation extérieure est très semblable : écouter un bulletin météorologique en s'appuyant sur une carte illustrant ces informations ; écrire une brève description du temps qu'il fait dans plusieurs villes ou pays. Les différences portent sur les éléments lexicaux (quatre dans le manuel de cycle 3 de l'école primaire, onze dans le manuel de sixième) ainsi que sur l'étendue de la carte météorologique (la Grande-Bretagne dans le premier cas, l'Europe dans le second). La continuité est ici inscrite dans les deux manuels, même s'il semble évident que le professeur de sixième aura intérêt à réactiver au préalable les connaissances des élèves, en prenant appui sur une tâche très brève qu'il pourra facilement mettre en place en classe.

On tirera de ces comparaisons les conclusions suivantes. Il serait trompeur de se contenter de penser la continuité en termes de fonctions langagières (ici accepter et refuser une proposition ou dire le temps qu'il fait) ou même par l'intitulé des descripteurs du PEL. Le professeur devra examiner de près les situations constitutives des tâches proposées et, au besoin, les adapter pour rendre perceptible aux yeux des élèves la continuité dans les situations. Il cherchera d'une part à permettre aux élèves de mobiliser leurs acquis de l'école primaire et d'autre part à enrichir les moyens linguistiques à leur disposition pour réaliser cette tâche.

1.2. Enrichir les moyens linguistiques disponibles

Les deux exemples de continuité entre l'école primaire et la classe de sixième ont mis en évidence une autre préoccupation importante. Dans le cadre de la même tâche (accepter ou refuser une proposition ; dire le temps qu'il fait), les deux manuels de sixième enrichissent les moyens linguistiques à la disposition des élèves.

Certes, comme nous l'avons vu au chapitre 3 de la partie 1, une tâche est associée, dans la grille pour l'auto-évaluation, à un niveau de compétences, et ce lien doit être respecté dans l'évaluation. Mais, bien entendu, il est indispensable de continuer à développer les compétences et les connaissances utiles pour effectuer ces tâches, même quand les élèves ont acquis les moyens linguistiques minimaux pour les mener à bien. Ainsi, quand il s'agit de se présenter, on pourra effectivement considérer que l'élève se trouve au niveau A1 s'il est capable, pour réaliser cette tâche, de produire des énoncés simples comme « My name is … » ou « Ich heiße … » ou « Me llamo … », mais on ne renoncera pas pour autant à lui faire acquérir d'autres moyens linguistiques ou énoncés, même si « se présenter » n'est plus répertorié comme une tâche relevant des niveaux de compétences supérieurs à A1.

Prenons ici une illustration de ce propos dans un manuel d'anglais pour la quatrième classe de l'enseignement secondaire. La première partie de la tâche reproduite ci-dessous consiste à dire comment on va ; mais les moyens linguistiques mis en œuvre sont bien plus élaborés que ceux qui sont exigibles pour le niveau A1, niveau pour lequel est proposé le descripteur de compétences « Je peux dire ce que je fais, comment je vais et demander à quelqu'un de ses nouvelles » (PEL pour le collège).

> **2. Practise speaking**
>
> **Pair-work.** Play cool hunting.
>
> a. **Pupil B:** You are a teenager. A cool hunter is visiting you at home. Go to page 117.
> **Pupil A:** You're a cool hunter. You are very friendly and very polite. Use the information below.
> *Pupil A:* You look ...! / You sound ...!
> *Pupil B:* Yeah, well, I've been ...
> *Pupil A:* Really! Do you mind if I ...? / May I ...? / Can I ask you what ...?
>
> - look dead tired
> - have a look at your CDs
> - sound excited
> - have a turn
> - sound exhausted
> - your favourite brand of sports shoes
>
> b. Change roles.
> **Pupil B:** You're a cool hunter. Go to page 117.
> **Pupil A:** You are a teenager. A cool hunter is visiting you at home. Use the information below.
>
> - use a new shampoo
> - shop all day
> - go out a lot lately

Ce serait un grave contresens que de penser que le « pilotage par les tâches », selon la progression proposée par le CECR et les listes de repérage du PEL, identifierait de façon mécanique une relation étroite entre tâches et moyens linguistiques à faire acquérir. Nous avons vu qu'une telle relation directe existe bien dans la conception de l'évaluation du niveau de compétences atteint par les élèves. Mais cela n'interdit pas, bien au contraire, pour l'enseignement et l'apprentissage, une amélioration dans la façon d'exécuter toutes sortes de tâches, en relation directe avec l'augmentation de la compétence communicative.

2. Identifier les activités langagières mises en œuvre à travers les tâches

Les manuels de langue identifient le plus souvent, sous des formes diverses, les activités langagières mises en œuvre.

La liste des activités langagières entraînées dans l'extrait ci-dessous d'un manuel d'anglais pour le lycée est donnée au début de l'unité pédagogique. On y lit effectivement que, lors de l'exploitation d'un des textes du manuel, cinq activités distinctes sont identifiées (compréhension de l'oral, compréhension de l'écrit, expression orale en interaction, expression orale en continu et expression écrite).

COMPÉTENCES DE COMMUNICATION	Écouter	Lire	Prendre part à une conversation / débattre	S'exprimer oralement en continu	Écrire
• Résumé, compte-rendu > RECAP, *p. 53, 58*	✓	✓		✓	
• Expression d'un point de vue > REACT, *p. 50, 53, 58*			✓	✓	
• Essai > WRITING, *p. 53, 58*					✓
• Argumentation / débat > DISCUSSION, *p. 65*	✓		✓	✓	
• Rédaction d'un texte à partir de photos > WRITING, *p. 65*					✓
• Présentation d'un document à la classe > SHOW & TELL, *p. 65*				✓	

Le manuel d'espagnol reproduit ci-dessous, lui aussi, distingue, dans la partie consacrée au commentaire d'un document, différentes activités langagières : dans l'extrait suivant, il s'agit de l'expression orale en interaction (travail en petits groupes), de l'expression orale en continu et de l'expression écrite.

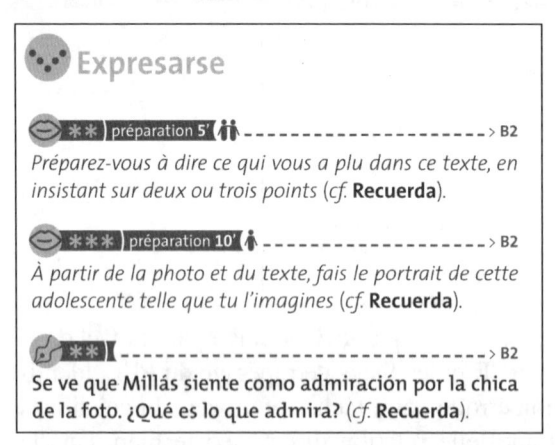

> **Expresarse**
>
> **) préparation 5' ▸▸ - > B2
> *Preparez-vous à dire ce qui vous a plu dans ce texte, en insistant sur deux ou trois points (cf.* **Recuerda**).
>
> ***) préparation 10' ▸ - > B2
> *À partir de la photo et du texte, fais le portrait de cette adolescente telle que tu l'imagines (cf.* **Recuerda**).
>
> ** - > B2
> *Se ve que Millás siente como admiración por la chica de la foto. ¿Qué es lo que admira? (cf.* **Recuerda**).

On notera à cette occasion l'introduction générale de la distinction entre « prendre part à une conversation » et « s'exprimer oralement en continu ».

Cela nous conduit à évoquer une autre façon, encore peu exploitée, d'articuler dans la progression les différentes activités langagières : la focalisation sur le développement de la compétence des élèves dans une ou deux activités langagières.

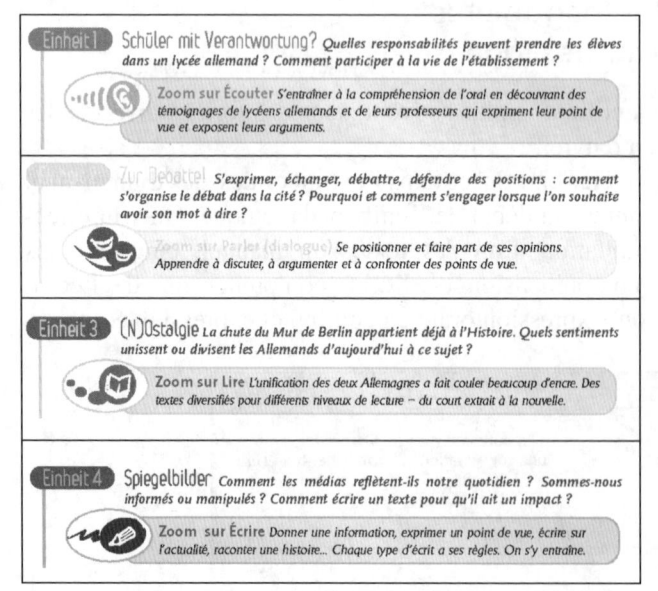

> **Einheit 1** Schüler mit Verantwortung? *Quelles responsabilités peuvent prendre les élèves dans un lycée allemand ? Comment participer à la vie de l'établissement ?*
>
> Zoom sur Écouter *S'entraîner à la compréhension de l'oral en découvrant des témoignages de lycéens allemands et de leurs professeurs qui expriment leur point de vue et exposent leurs arguments.*
>
> **Einheit 2** Zur Debatte! *S'exprimer, échanger, débattre, défendre des positions : comment s'organise le débat dans la cité ? Pourquoi et comment s'engager lorsque l'on souhaite avoir son mot à dire ?*
>
> Zoom sur Parler (dialogue) *Se positionner et faire part de ses opinions. Apprendre à discuter, à argumenter et à confronter des points de vue.*
>
> **Einheit 3** (N)Ostalgie *La chute du Mur de Berlin appartient déjà à l'Histoire. Quels sentiments unissent ou divisent les Allemands d'aujourd'hui à ce sujet ?*
>
> Zoom sur Lire *L'unification des deux Allemagnes a fait couler beaucoup d'encre. Des textes diversifiés pour différents niveaux de lecture – du court extrait à la nouvelle.*
>
> **Einheit 4** Spiegelbilder *Comment les médias reflètent-ils notre quotidien ? Sommes-nous informés ou manipulés ? Comment écrire un texte pour qu'il ait un impact ?*
>
> Zoom sur Écrire *Donner une information, exprimer un point de vue, écrire sur l'actualité, raconter une histoire... Chaque type d'écrit a ses règles. On s'y entraîne.*

Extrait du sommaire

Bien entendu, le « zoom » dirigé, dans ce manuel d'allemand, sur une activité langagière ne signifie pas que les autres seraient négligées dans ces mêmes pages. Il s'agit simplement ici de donner la priorité à l'activité langagière concernée dans les objectifs, dans la construction progressive des compétences et dans l'évaluation. Le sentiment de cohérence de l'ensemble du travail s'en trouve évidemment favorisé aux yeux des élèves.

3. Proposer un parcours cohérent à travers des tâches communicatives

Nous avons déjà signalé dans le chapitre 2 de la partie 1 le danger d'une atomisation des activités pédagogiques autour de tâches qui peuvent se succéder et conduire à la perte d'unité et de sens global d'une séquence pédagogique. Nous verrons dans les pages suivantes que l'un des rôles des listes de repérage du PEL est précisément de rendre encore plus évidente la cohérence d'ensemble de la démarche pédagogique. Ce souci est largement présent dans les manuels. Le « pilotage par les tâches » est tout à fait compatible avec le souci de cohérence et la construction progressive de compétences.

Pour illustrer cette affirmation, nous prendrons trois exemples fort différents.

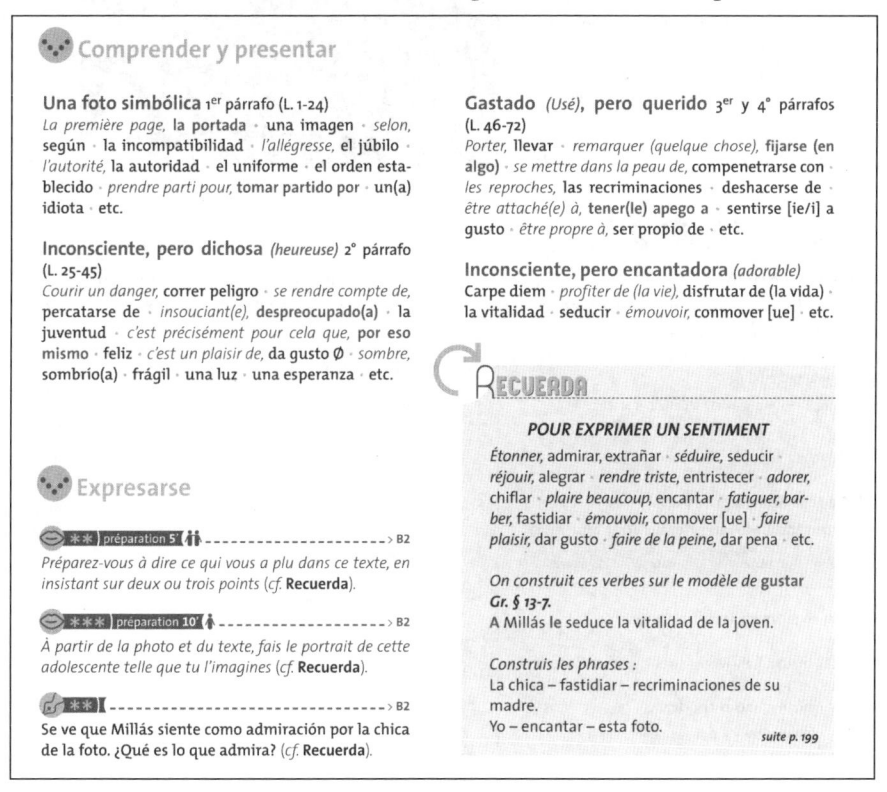

😊 Comprender y presentar

Una foto simbólica 1er párrafo (L. 1-24)
La primera page, **la portada** · *una imagen* · *selon*, **según** · *la incompatibilidad* · *l'allégresse*, **el júbilo** · *l'autorité*, **la autoridad** · *el uniforme* · *el orden establecido* · *prendre parti pour*, **tomar partido por** · **un(a) idiota** · etc.

Inconsciente, pero dichosa *(heureuse)* 2° párrafo (L. 25-45)
Courir un danger, **correr peligro** · *se rendre compte de*, **percatarse de** · *insouciant(e)*, **despreocupado(a)** · **la juventud** · *c'est précisément pour cela que*, **por eso mismo** · **feliz** · *c'est un plaisir de*, **da gusto ∅** · *sombre*, **sombrio(a)** · **frágil** · **una luz** · **una esperanza** · etc.

😊 Expresarse

🔊 ★★ | preparación 5' 👥 ----------------> B2
Préparez-vous à dire ce qui vous a plu dans ce texte, en insistant sur deux ou trois points (cf. **Recuerda**).

🔊 ★★★ | preparación 10' 👤 ---------------> B2
À partir de la photo et du texte, fais le portrait de cette adolescente telle que tu l'imagines (cf. **Recuerda**).

✏️ ★★ I ------------------------------> B2
Se ve que Millás siente como admiración por la chica de la foto. ¿Qué es lo que admira? (cf. **Recuerda**).

Gastado *(Usé)*, **pero querido** 3er y 4° párrafos (L. 46-72)
Porter, **llevar** · *remarquer (quelque chose)*, **fijarse (en algo)** · *se mettre dans la peau de*, **compenetrarse con** · *les reproches*, **las recriminaciones** · *deshacerse de* · *être attaché(e) à*, **tener(le) apego a** · *sentirse [ie/i] a gusto* · *être propre à*, **ser propio de** · etc.

Inconsciente, pero encantadora *(adorable)*
Carpe diem · *profiter de (la vie)*, **disfrutar de (la vida)** · **la vitalidad** · **seducir** · *émouvoir*, **conmover [ue]** · etc.

↪ ℛECUERDA

POUR EXPRIMER UN SENTIMENT
Étonner, **admirar, extrañar** · *séduire*, **seducir** · *réjouir*, **alegrar** · *rendre triste*, **entristecer** · *adorer*, **chiflar** · *plaire beaucoup*, **encantar** · *fatiguer, barber*, **fastidiar** · *émouvoir*, **conmover [ue]** · *faire plaisir*, **dar gusto** · *faire de la peine*, **dar pena** · etc.

On construit ces verbes sur le modèle de gustar
Gr. § 13-7.
A Millás le seduce la vitalidad de la joven.

Construis les phrases :
La chica – fastidiar – recriminaciones de su madre.
Yo – encantar – esta foto.

suite p. 199

Cette demi-page constitue l'appareil pédagogique fourni pour exploiter un article de presse écrit en réaction à une photographie prise lors d'une manifestation et parue dans le journal *El País*, en 2004. Dans ce manuel, nous voyons que la cohérence d'ensemble des activités de la classe autour de l'exploitation du document est assurée par une conduite très guidée : rendre compte du contenu du support (Comprender y presentar), puis s'exprimer à son sujet (Expresarse). Dans la première partie du travail sur le texte, les élèves sont guidés à la fois par une consigne implicite de lecture d'un passage précis du texte, en respectant sa linéarité, et par les aides qui leur sont fournies (lexique utile pour la prise de parole). La cohérence de l'ensemble est donnée par la constitution progressive d'un commentaire collectif du document.

OUTLINE

SIDNEY POITIER (1927-) : grew up in the small village of Cat Island, Bahamas. His father, a poor tomato farmer, moved the family to the capital, Nassau, when Poitier was eleven. It was there that he first encountered film. At the age of fifteen Poitier moved to Miami then New York where he found a job as a dishwasher. Soon after, he began working for the American Negro Theater as a janitor[1] in exchange for acting lessons. Poitier performed in plays until 1950, when he made his film debut in *No Way Out*. The film, a violent tale of racial hatred, made him a hero back home in the Bahamas.

1. **janitor** /dʒænɪtə/ (n.): *concierge, homme à tout faire*

Read the short biography above and lines 1 to 11

❶ a. How old was Sidney Poitier at the time?
b. What did he associate the name *Hollywood* with? Why?
c. Drawing on what you have learned about Poitier's childhood, explain his misunderstanding.

❷ Find one or more reasons in the passage to explain why he found a cowboy's job so appealing.

READ & REPLY

Read the text down to line 18

❶ Pick out information about Poitier's sister:
a. her name and her age at the time,
b. the way she reacted when he told her about the job he wanted to do.
What image do we get of Poitier's sister?

RECAP what you learned about Poitier's childhood.

Read the text down to the end

❷ Pick out the following details (paragraph 4):

people	place	date	event

Use them to sum up the situation.

❸ Which of the following feelings did Poitier's parents experience at the beginning of the film? Justify by quoting from the text.
horror – fascination – indifference – pride – amazement

❹ What happens towards the end of the film? How does Sidney Poitier underline the violence of the scene?

❺ Pick out expressions showing how shocked his mother was. Why did she react that way?

❻ What is your interpretation of the last sentence of the text ("That was my mother.")?

RECAP what happened that day at the movie theater in Nassau.

REACT : Think about the two episodes in the text. What do they tell us about Sidney Poitier's family?

TRANSLATION

Translate the text from line 25 "The movie played…" down to the end.

WRITING

Unlike Sidney Poitier, you had already seen lots of films by the age of 12 and have certainly seen many more since. Yet, can you think of a film which has been of special importance to you? If so, why? *(150-200 words)*

Le manuel d'anglais ci-dessus procède de façon sensiblement différente. L'appareil pédagogique reproduit est l'exploitation d'un texte extrait d'une autobiographie de l'acteur Sidney Poitier. Le manuel organise la conduite de la classe en trois temps essentiels :
– la préparation de la découverte et de l'exploitation du texte par un autre document, une brève biographie de S. Poitier, mise en relation avec le début du texte

(lignes 1 à 11) et permettant d'identifier certaines informations importantes sur cet acteur ;
- une suite de consignes de travail pour chacune des deux autres parties du texte (lignes 12 à 18 tout d'abord, puis de 19 à la fin du texte) : ces consignes de travail alternent les tâches de compréhension et d'expression, l'expression collective du groupe et l'expression plus individuelle en continu (rubrique *recap*) ;
- une poursuite du travail de compréhension, d'explicitation et de commentaire du contenu du texte par des activités de traduction et d'expression écrite.

Contrairement au manuel d'espagnol cité plus haut, nous n'avons plus ici d'unicité de l'approche pédagogique : on y trouve un autre document que le texte de travail, et la nature des activités demandées aux élèves varie fortement. Mais la cohérence d'ensemble est rendue évidente par deux facteurs essentiels. Tout concourt de façon claire à l'exploitation du même texte. La succession des activités langagières mises en œuvre répond à une démarche perceptible par tous les élèves : recherche d'informations et échanges à leur propos, bilan intermédiaire puis réaction personnelle, et enfin prise de distance par rapport au texte par le passage dans une autre langue et par une personnalisation de l'expression à propos de la situation décrite dans le texte.

L'extrait du manuel d'allemand, reproduit ci-dessous, montre que la notion de parcours peut prendre des formes très différentes de celles retenues par les deux ouvrages précédents.

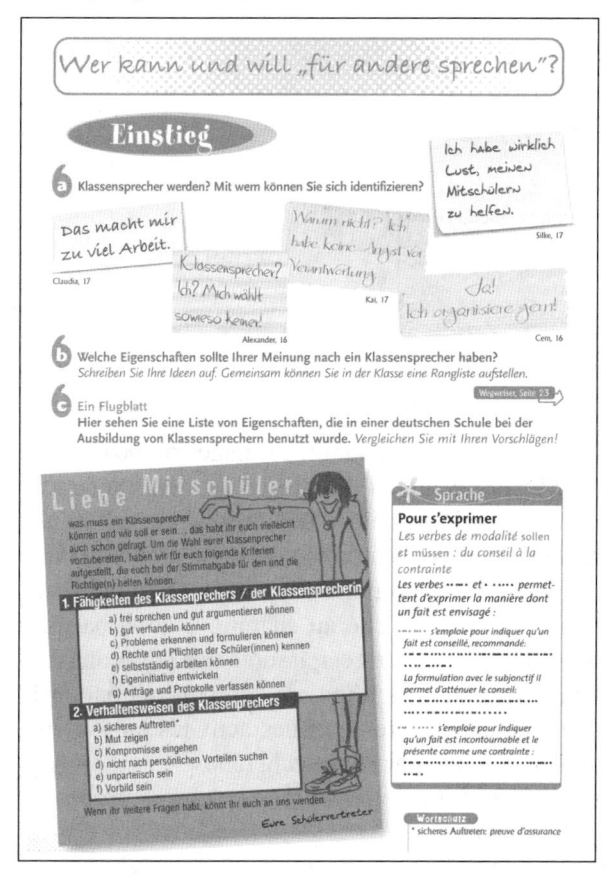

Utiliser le CECR et le PEL pour conduire la classe

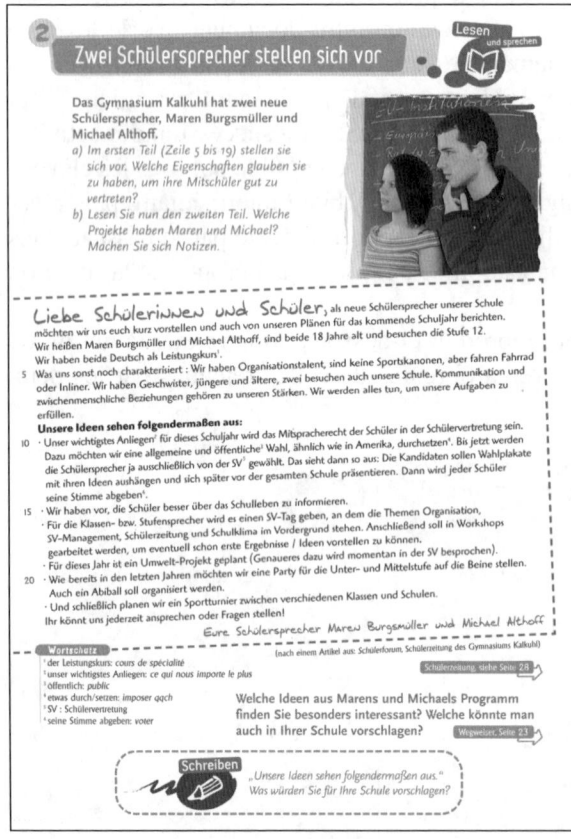

Comme dans les deux manuels d'anglais et d'espagnol, ces pages proposent aux élèves un parcours. Mais il ne s'agit pas de les guider dans l'exploitation d'un document. Ce parcours passe par des tâches variées, liées à des documents différents. Les tâches communicatives demandées sont toutes motivées par une problématique formulée en tête de chapitre : quelles sont les conditions pour être un bon représentant élu par des élèves ? Comme dans le manuel cité au chapitre 2 de la partie 1 (pages 31 à 34), la cohérence entre toutes ces tâches est assurée par leur contribution à la recherche collective suscitée par la question initiale. On pourrait parler de scénario associant des documents de nature différente et des activités langagières distinctes pour réaliser la tâche globale donnée par cette recherche.

D'autres différences majeures entre ce type de parcours et celui que proposent les deux autres manuels peuvent être relevées :

– les situations créées pour ces tâches sont ancrées dans la réalité quotidienne des élèves (définir le rôle et le profil idéal d'un représentant élu par des élèves), et les élèves sont appelés à effectuer ces tâches à titre personnel ou comme membres de la communauté scolaire ;

– chaque activité langagière de compréhension est mise en œuvre à l'aide d'un document spécifique (compréhension de l'oral à l'aide d'interviews d'élèves allemands, compréhension de l'écrit pour la lecture d'une affiche et d'un tract distribué par des candidats à la fonction de représentants des élèves).

3.1. Permettre aux élèves de percevoir la pertinence des tâches pour leur progression

La recherche de cohérence, présente dans tous ces exemples, trouve une aide très importante dans l'utilisation du PEL.

Le développement de l'autonomie des élèves passe par deux voies privilégiées : l'apprentissage de l'auto-évaluation et la participation active des apprenants aux décisions concernant leur parcours d'apprentissage, tout en respectant le rôle du professeur et celui des élèves.

Il s'agit là d'objectifs pédagogiques déjà bien connus et qui ont trouvé, pour partie, leur traduction dans les pratiques d'enseignement et dans les manuels. Le CECR ne représente pas, sur ce point non plus, une rupture mais fournit aux enseignants des outils extrêmement riches destinés à renforcer leur action dans ce sens.

Un des apports du CECR est de permettre aux élèves de percevoir concrètement le développement de leurs compétences grâce au travail d'apprentissage effectué et à la progression suivie par le professeur.

Pour cela, le professeur doit prendre soin de faire le point avec les élèves, à l'aide des listes de repérage du PEL, sur le travail accompli. En effet, les descripteurs qui composent les listes de repérage constituent, si le professeur respecte la progressivité induite par le CECR, autant de jalons dans la construction d'un niveau de compétences. Leur finalité est précisément de favoriser le bilan par les élèves de ce qu'ils sont parvenus à réaliser dans les différentes activités, à travers les tâches qui leur ont été demandées.

La démarche pédagogique la mieux adaptée pour tirer profit de cet outil est de prévoir, à espaces réguliers, des bilans, après l'unité ou les unités pédagogiques réalisées, en recherchant quels descripteurs ont été concernés par les tâches mises en œuvre. Cela peut effectivement rendre visibles pour les élèves le sens et la finalité de ces activités.

De plus, une utilisation régulière de ces listes de repérage a le mérite de **rendre perceptible la cohérence d'ensemble de la conduite de la classe**, qui peut parfois souffrir d'un déficit apparent à ce niveau. L'un des reproches le plus souvent formulés à l'encontre du « pilotage par les tâches » est, comme nous l'avons vu plus haut, le risque d'éclatement de l'unité pédagogique en une succession d'activités sans lien évident entre elles. Nous avons vu aussi qu'il existe des moyens de limiter ce risque. La consultation régulière par le professeur et les élèves des listes de repérage du PEL en est un, très efficace : elle fait prendre conscience aux élèves que toutes ces tâches ne sont pas le fruit du hasard ou d'un choix aléatoire arrêté par le professeur ou les auteurs du manuel mais participent à la construction d'un niveau précis de compétences.

Bien entendu, l'efficacité suppose que le travail mené avec les listes de repérage soit adapté à l'âge des élèves, ne soit pas trop rare pour garder une place dans l'esprit des élèves et pour être pris au sérieux, ni trop fréquent pour permettre de constater des progrès réels dans les tâches effectuées.

Ce dernier aspect revêt une importance cruciale et pointe une des difficultés de l'enseignement des langues vivantes : le temps nécessaire pour conduire les élèves d'un niveau de compétences au niveau immédiatement supérieur est parfois très long en regard de la nécessité pédagogique de faire valoir des progrès effectifs afin de nourrir la motivation des élèves.

Le CECR (page 20) met d'ailleurs en garde contre une assimilation des niveaux de compétences à des mesures découpant de façon régulière l'ensemble de l'échelle allant de A1 à C2, comme c'est le cas par exemple sur une règle. L'expérience montre qu'il faut beaucoup plus de temps d'exposition à une langue et beaucoup plus d'acquisitions pour passer des niveaux B1 à B2 que des niveaux A2 à B1, de même que le passage de A2 à B1 est nécessairement plus lent que de A1 à A2. Le passage d'un niveau à l'autre suppose en effet un « élargissement (sensible) de la gamme des activités, des aptitudes et des discours ».

C'est pour cette raison que le CECR suggère l'aménagement de l'échelle de niveaux par la création de niveaux intermédiaires et en donne plusieurs exemples. Dans celui que nous reproduisons ci-dessous, les auteurs envisagent le cas de l'école primaire et du premier cycle de l'enseignement secondaire, où le niveau des élèves exige un affinement de la discrimination en A2.

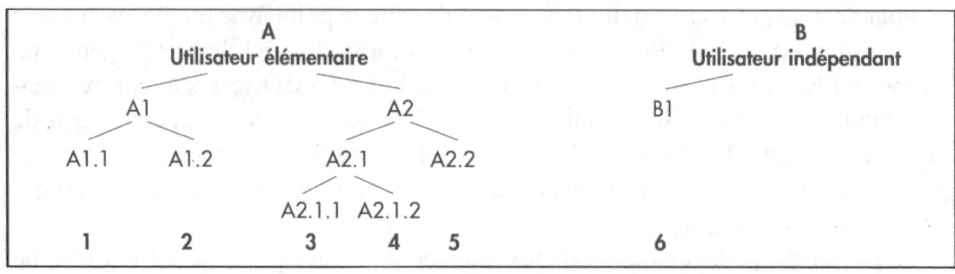

```
              A                                      B
     Utilisateur élémentaire              Utilisateur indépendant

       A1              A2                      B1

   A1.1   A1.2     A2.1      A2.2

                A2.1.1  A2.1.2

     1      2      3      4      5            6
```

CECR, page 31

Cette possibilité d'affiner la description d'un niveau de compétences a été adoptée par exemple dans le PEL français pour le lycée. Pour les niveaux de compétences effectivement concernés par le plus grand nombre d'élèves, soit les niveaux A2 et B1, il propose trois étapes intermédiaires par activité langagière, comme le montre l'exemple de la compréhension de l'oral :

Le niveau A2 est défini de la façon suivante dans la grille pour l'auto-évaluation du CECR : Je peux comprendre des expressions et un vocabulaire très fréquent relatifs à ce qui me concerne de très près (par exemple moi-même, ma famille, les achats, l'environnement proche, le travail). Je peux saisir l'essentiel d'annonces et de messages simples et clairs.

Ce même niveau est décomposé de la façon suivante dans le PEL pour les 15 ans et plus :

A2-1 Quand le locuteur utilise volontairement presque uniquement des mots et des expressions que je dois connaître…
➢ Je peux comprendre…

A2-2 Quand le locuteur utilise des phrases simples pour parler de sujets quotidiens parce qu'il sait qu'il s'adresse à quelqu'un qui apprend la langue…
➢ Je peux comprendre…

A2-3 Quand le locuteur s'adresse à un auditoire plus large sur des sujets qui me sont familiers, en utilisant cependant des phrases assez courtes et simples…
➢ Je peux comprendre…

Le niveau B1 est défini ainsi dans la grille pour l'auto-évaluation : Je peux comprendre les points essentiels quand un langage clair et standard est utilisé et s'il s'agit de sujets familiers concernant le travail, l'école, les loisirs, etc. Je peux comprendre l'essentiel de nombreuses émissions de radio ou de télévision sur l'actualité ou sur des sujets qui m'intéressent à titre personnel ou professionnel si l'on parle d'une façon relativement lente et distincte.

Ce niveau B1 est décomposé de la façon suivante dans le PEL pour les 15 ans et plus :

B1-1 Quand le locuteur s'exprime de façon claire dans une langue standard et ne parle pas trop longtemps (2 ou 3 minutes environ)…
➢ Je peux comprendre…

B1-2 Quand le locuteur s'exprime assez longuement sur des sujets en relation avec le programme ou avec la vie quotidienne…
➢ Je peux comprendre…

B1-3 Quand j'écoute la radio ou la télévision sur des sujets en relation avec le programme ou des sujets de la vie quotidienne…
➢ Je peux comprendre…

Pour chacun de ces six niveaux intermédiaires, ce PEL propose des descripteurs spécifiques :

B1-1 Quand le locuteur s'exprime de façon claire et avec une langue standard et ne parle pas trop longtemps (2 ou 3 minutes environ)…
➢ Je peux comprendre les points principaux d'une intervention sur des sujets familiers rencontrés régulièrement, y compris des récits courts.

  Par exemple, assez pour pouvoir résumer très brièvement une présentation sur un point du programme ou sur la vie quotidienne, faite par un correspondant, par l'assistant ou à l'aide d'un enregistrement.

➢ Je peux comprendre l'essentiel des bulletins d'information radiophoniques et de documents enregistrés simples.

  Par exemple, comprendre les points principaux des informations essentielles (thèmes, événements rapportés, importance de l'information…).

> Je peux comprendre globalement quelle est la position adoptée par quelqu'un dans une discussion sur un thème que je connais bien.
>
> *Par exemple, reconnaître si deux personnes interviewées partagent le même point de vue sur le sujet proposé par l'animateur.*
>
> > Je peux comprendre une information factuelle en reconnaissant les messages généraux et les points de détail.
>
> *Par exemple, si le locuteur expose un fait important ou l'illustre par des détails.*

De cette manière, il est plus aisé de concrétiser les progrès réalisés par les élèves. On pourrait faire l'analogie avec la pratique adoptée dans certains sports : oursons, flocons, étoiles… en ski ; ceintures jaune, verte, bleue… en judo, etc.

3.2. Créer un lien immédiat entre les situations de classe et les descripteurs du PEL

Cette décomposition des niveaux de compétences en étapes intermédiaires n'a pas été retenue dans le PEL pour l'école primaire et pour le collège. Cependant, la démarche est légitime pour ces niveaux de classe également et peut être entreprise par toute équipe de professeurs.

Une autre approche, très complémentaire de celle-ci, est possible. Elle peut être engagée dans un travail d'équipe ou, par exemple, lors d'une action de formation continue. Il s'agit non plus de dégager une progression entre les différents descripteurs mais de les compléter par une liste de situations dans lesquelles les élèves sont très concrètement conduits à effectuer les tâches évoquées dans les descripteurs. Ces listes de situation créent un lien immédiat et évident pour les élèves entre les listes de repérage du PEL et l'enseignement qu'ils reçoivent.

Nous citerons en exemple le travail d'explicitation réalisé par des conseillers pédagogiques langue vivante de l'inspection académique du Bas-Rhin, en coopération étroite avec leurs collègues du Haut-Rhin et des professeurs des écoles d'Alsace pour faciliter le travail avec le PEL à l'école primaire. Pour chaque descripteur du niveau A1, les auteurs ont recensé les situations concrètes vécues par les élèves. Les cases qui suivent les descriptions de situations correspondent à différentes langues possibles, y compris la langue régionale dans l'environnement de ces élèves.

Cette démarche est pédagogiquement très prometteuse, à la condition d'éviter une trop grande proximité avec les énoncés entendus ou produits, afin de ne pas encourager la traduction mentale. Elle peut favoriser la réflexion collective d'une équipe de professeurs, ou même d'un professeur isolé, sur les situations créées dans les classes de langue, en tenant compte des manuels en usage, des projets spécifiques mis en place, de la particularité de l'environnement pédagogique. Les enseignants peuvent ainsi relier ces situations aux descripteurs des listes de repérage pour chaque niveau de compétences. On pense, par exemple, à l'enseignement professionnel, aux échanges, aux stages et aux séjours proposés à l'étranger. Sont également concernés les dispositifs d'enseignement de disciplines non linguistiques en langue régionale ou étrangère.

A1 - Écouter et comprendre

Descripteur : Je peux comprendre des consignes simples.

Situations :

Je comprends quand on me demande de prendre mon cahier ou mon livre à la page...	☐	☐	☐	☐	☐
Je comprends quand on me demande de venir au tableau.	☐	☐	☐	☐	☐
Je comprends quand on me demande de répéter.	☐	☐	☐	☐	☐
Je comprends quand on me demande de parler plus fort ou plus lentement.	☐	☐	☐	☐	☐
Je comprends quand on me demande de recopier un mot ou une phrase.	☐	☐	☐	☐	☐
Je comprends quand on me demande de lire un passage.	☐	☐	☐	☐	☐
Je comprends quand on me demande de découper une image.	☐	☐	☐	☐	☐
Je comprends quand on me demande de coller un document.	☐	☐	☐	☐	☐
Je comprends quand on me demande de compléter une phrase, un calcul, ...	☐	☐	☐	☐	☐
Je comprends quand on me demande de ranger mes affaires.	☐	☐	☐	☐	☐
Je comprends quand on me demande d'être attentif.	☐	☐	☐	☐	☐
....	☐	☐	☐	☐	☐

Document de travail, Inspection académique du Bas-Rhin

Il serait en effet très utile, pour la coopération entre professeurs de langue et professeurs de disciplines non linguistiques et pour les élèves eux-mêmes, de réfléchir aux situations d'utilisation de la langue dont les élèves font l'expérience et dans lesquelles ils effectuent des tâches qui peuvent être associées à des niveaux de compétences en langue.

Dans la démarche proposée ici, le lien entre le CECR et l'apprentissage de la langue vivante prend donc la forme suivante :

Échelle globale
A1 : Peut comprendre et utiliser des expressions familières et quotidiennes ainsi que des énoncés très simples qui visent à satisfaire des besoins concrets. [...]
CECR, page 25

Grille pour l'auto-évaluation
A1 – Écouter : Je peux comprendre des mots familiers et des expressions très courantes au sujet de moi-même, de ma famille et de l'environnement concret et immédiat, si les gens parlent lentement et distinctement.
CECR, page 26

Descripteur du PEL
Je peux comprendre des consignes et des indications simples.

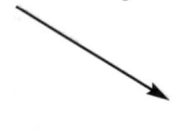

Situations :
Je comprends quand on me demande de prendre mon cahier ou mon livre à la page...
Je comprends quand on me demande de venir au tableau.
Je comprends quand on me demande de répéter.
Je comprends quand on me demande de parler plus fort ou plus lentement.
Je comprends quand on me demande de recopier un mot ou une phrase.
Je comprends quand on me demande de lire un passage.
Je comprends quand on me demande de découper une image.
Je comprends quand on me demande de coller un document.
Je comprends quand on me demande de compléter une phrase, un calcul, ...
Je comprends quand on me demande de ranger mes affaires.
Je comprends quand on me demande d'être attentif.

Cette articulation peut paraître complexe, mais elle ne l'est qu'en apparence.

Elle encourage les enseignants à faire le point sur les tâches qu'ils demandent aux élèves et sur la cohérence de ces tâches avec les niveaux du CECR. Elle leur permet de concilier l'utilisation du CECR et du manuel en usage. Elle évite le sentiment trop fréquent chez les élèves d'inefficacité ou de gratuité des activités faites en classe, en donnant à ces activités un sens par rapport à l'ensemble que représentent les listes de repérage et les niveaux de compétences de la grille pour l'auto-évaluation.

3.3. Aider les élèves à identifier leur réussite dans les tâches communicatives

Une difficulté des bilans faits à l'aide des descripteurs du PEL porte sur la distinction indispensable entre les tâches demandées à un groupe et la réussite individuelle des élèves dans ces différentes tâches. Le bilan dressé après une période d'apprentissage doit permettre à l'élève de faire le point, d'une part sur le chemin parcouru collectivement à travers les entraînements linguistiques, mais d'autre part aussi, individuellement, sur ses réussites partielles ou complètes, occasionnelles ou régulières, dans la réalisation des tâches communicatives. C'est sur cette base qu'il pourra apprendre à se fixer ses propres objectifs d'apprentissage.

L'accompagnement par le professeur est, dans cette perspective, capital. Seul l'enseignant pourra, par exemple, amener un élève à prendre en compte l'adéquation entre la tâche de production demandée et les énoncés élaborés. Seul le professeur pourra conduire un élève à ne pas confondre une réussite ponctuelle dans une tâche et l'aptitude à réaliser cette tâche dans différentes situations. Le PEL français pour le collège favorise d'ailleurs une réflexion à ce sujet en proposant, pour chaque descripteur, un choix entre plusieurs *smileys* :

Sur chaque fiche, estime si tu es capable de faire ce que dit le descripteur (par exemple : « Je peux dire qui je suis, où je suis né(e), etc. »), et coche l'une de ces cases :

☹   😐   🙂   🙂   🙂
      +   ++   +++

- Si tu coches ☹, c'est que tu estimes que tu ne peux pas encore faire ce qui est décrit.
- 😐 signifie que tu peux y arriver, mais pas toujours.
- Si tu coches 🙂 (+), cela signifie que tu peux assez souvent faire ce qui est décrit.
- 🙂 (++) signifie que tu peux généralement le faire.
- 🙂 (+++) veut dire que tu le fais toujours et sans aucun problème.

Nous reviendrons sur ces points dans le chapitre suivant, consacré à l'évaluation, mais, on peut déjà le constater, l'autonomie des élèves suppose un apprentissage qui intègre la dimension de l'auto-évaluation. Le PEL ne dispense pas du besoin de conduite par le professeur, dans le domaine de l'auto-évaluation également. Le PEL fournit un lieu privilégié qui concrétise et donne du sens à ce travail pédagogique.

4. Aider les élèves à se fixer des objectifs dans l'apprentissage de la langue

On pourrait penser, à tort, que le seul rôle des listes de repérage du PEL consisterait à faire la synthèse du travail effectué dans la langue et à relier ce travail à l'échelle de niveaux du CECR, mais il est également d'apprendre aux élèves à se fixer des objectifs dans l'apprentissage de la langue. Cette démarche est un facteur essentiel du développement de l'autonomie dans l'apprentissage.

L'intérêt des bilans réguliers, menés à l'aide des descripteurs de compétences et/ou des listes de situations renvoyant à ces descripteurs, est, en effet, aussi d'encourager les élèves à identifier, avec l'aide de leur professeur, les tâches ou les situations auxquelles ils devront accorder une attention particulière dans les séances ou les semaines à venir.

Cela semble tout particulièrement important pour un travail avec des groupes d'élèves composés sur la base de leur niveau de compétences dans la langue ou pour une conduite de la classe focalisant les tâches, pendant une période, sur quelque(s) activité(s) langagière(s) particulière(s).

Des bilans sont d'ores et déjà prévus dans un grand nombre de manuels. Ils favorisent la réflexion sur le chemin parcouru et créent un terrain favorable à l'utilisation du CECR.

Former des équipes de quatre élèves.
– Choisis avec ton équipe quatre personnages et six objets.
– Avec ton équipe :
  • écris le scénario (sur le modèle de la Leçon 4)
  • joue la scène
– Et pourquoi ne pas filmer cette scène comme au cinéma ?

Mon bilan : ☺ 😐 ☹

Dans le manuel d'allemand ci-dessous, nous trouvons en fin de chapitre une liste des tâches qui ont fait l'objet d'un entraînement, avec un renvoi précis aux différentes parties de l'unité pédagogique.

Je fais le point

Je suis capable de comprendre et m'exprimer dans les situations suivantes :

ÉCOUTER
Je peux…
- comprendre ce que j'ai ou ce que quelqu'un a le droit de faire, — Akt, 1, 1 (p. 46)
　Akt 2, 2b (p. 51)
- comprendre le contenu d'un dialogue simple portant sur un sujet connu. — Akt 3, 3b (p. 53)

PARLER
Je peux…
- poser des questions pour identifier des personnes et savoir ce qu'elles font, — Akt 1, 1 (p. 46)
- dire à quel endroit je vais ou veux aller, — Akt 1, 3 (p. 48)
- demander ce que j'ai le droit de faire, — Akt 2, 1 (p. 50)
- parler des loisirs, — Akt 2, 1 (p. 50)
- demander à quelqu'un ce qu'il aime faire, — Akt 2, 3 (p. 51)
- interdire quelque chose à quelqu'un, — Akt 3, 5 (p. 55)
- donner un conseil à quelqu'un. — Akt 3, 3c (p. 54)

LIRE
Je peux…
- lire un résumé de roman écrit simplement, — Akt 3, 4 (p. 55)
- lire des indications simples pour caractériser un roman, — Akt 3, 3c (p. 54)
- lire des indications d'itinéraires et d'horaires sur le site
　du chemin de fer allemand. — Akt 1, 4b (p. 49)

ÉCRIRE
Je peux…
- écrire une fiche de lecture. — Einblicke (p. 62-63)

D'autres manuels intègrent la référence explicite aux descripteurs du PEL dans leur progression et dans le bilan proposé en fin d'unité pédagogique.

Lernziel Sprechen / *Objectif Parler (en continu)*

B1.1. Erhaltene Informationen oder Auskünfte an eine Gruppe weitergeben.

Ein Reisevorhaben beschreiben, indem man die Ziele und die Organisationsformen beschreibt.

Seine Meinung begründen; dabei verfügt man über ausreichend Argumente, um verstanden zu werden.

B1.2. Ohne Notizen einfache Informationen weitergeben und klar darstellen, welcher Punkt als wichtig betrachtet wird.

Seine Meinungen, Absichten oder Taten kurz rechtfertigen oder erklären.

Ohne Schwierigkeiten eine Geschichte erzählen oder eine Beschreibung machen, indem die verschiedenen Punkte aufgezählt werden.

B1.3. Eine Geschichte spannend genug erzählen, sodass die Zuhörer ihr aufmerksam folgen.

Einen geschriebenen Text in einfacher Form nacherzählen.

Ein Referat über ein bekanntes Thema halten und dabei die wichtigsten Punkte betonen.

B1.1. *Rendre compte à un groupe d'informations ou de renseignements obtenus.*

Décrire un projet de voyage en indiquant les buts et les modalités d'organisation.

Expliquer son opinion en avançant suffisamment d'arguments pour être compris.

B1.2. *Transmettre, sans note, des informations simples et rendre évident le point qui semble le plus important.*

Justifier ou expliquer brièvement ses opinions, plans ou actes.

Raconter sans difficulté une histoire ou effectuer une description, en énumérant les différents points.

B1.3. *Raconter une histoire avec un rythme suffisant pour maintenir l'attention de ses auditeurs.*

Rapporter oralement et de façon simple de courts passages d'un texte écrit.

Faire un exposé sur un sujet familier en mettant en relief les points essentiels.

Ce manuel annonce en début d'unité (ici l'unité 5) les objectifs poursuivis par l'entraînement à l'activité langagière qui fera l'objet d'un travail privilégié pendant cette unité et qui est signalée par un logo particulier (l'expression orale en continu). On remarquera une nouvelle fois que cette focalisation sur une activité différente, par unité pédagogique, ne signifie pas l'exclusion des autres activités langagières. Ces objectifs sont formulés en référence aux descripteurs du PEL français pour les 15 ans et plus. Ils adoptent la décomposition des niveaux de compétences explicitée pages 72 et 73.

Dans le bilan de la fin de cette même unité, les élèves sont invités à faire le point sur leur réussite dans les tâches correspondant à ces descripteurs du PEL. Pour cela, le manuel indique aux élèves quels documents et quelles parties de l'unité ont donné lieu à des utilisations de la langue permettant un tel bilan. Il est évident qu'un bilan partiel, au cours de l'unité, permet également aux élèves de repérer sur quels points ils doivent faire porter leurs efforts pour atteindre le niveau de compétences attendu.

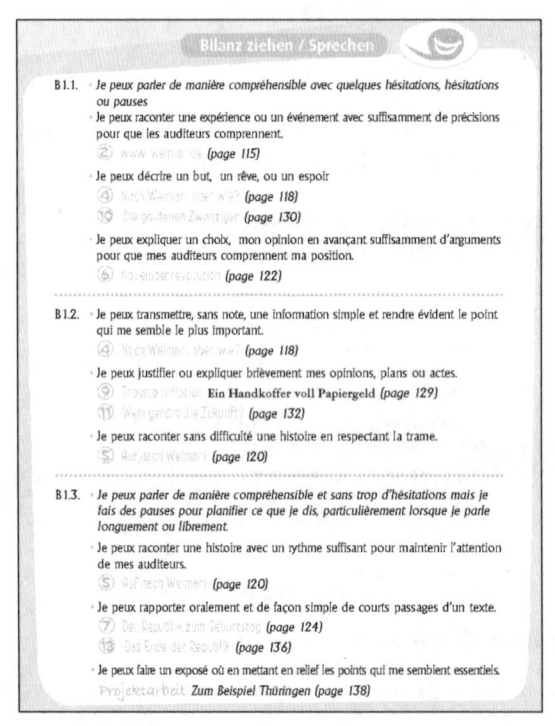

> **Bilanz ziehen / Sprechen**
>
> B1.1.
> - Je peux parler de manière compréhensible avec quelques hésitations, hésitations ou pauses
> - Je peux raconter une expérience ou un événement avec suffisamment de précisions pour que les auditeurs comprennent.
>   ② www.weimar.de *(page 115)*
> - Je peux décrire un but, un rêve, ou un espoir
>   ④ Nach Weimar, aber wie? *(page 118)*
>   ⑩ Die goldenen Zwanziger *(page 130)*
> - Je peux expliquer un choix, mon opinion en avançant suffisamment d'arguments pour que mes auditeurs comprennent ma position.
>   ⑥ Novemberrevolution *(page 122)*
>
> B1.2.
> - Je peux transmettre, sans note, une information simple et rendre évident le point qui me semble le plus important.
>   ④ Nach Weimar, aber wie? *(page 118)*
> - Je peux justifier ou expliquer brièvement mes opinions, plans ou actes.
>   ⑨ Trauma Inflation **Ein Handkoffer voll Papiergeld** *(page 129)*
>   ⑪ Wem gehört die Zukunft? *(page 132)*
> - Je peux raconter sans difficulté une histoire en respectant la trame.
>   ⑤ Auf nach Weimar! *(page 120)*
>
> B1.3.
> - Je peux parler de manière compréhensible et sans trop d'hésitations mais je fais des pauses pour planifier ce que je dis, particulièrement lorsque je parle longuement ou librement.
> - Je peux raconter une histoire avec un rythme suffisant pour maintenir l'attention de mes auditeurs.
>   ⑤ Auf nach Weimar! *(page 120)*
> - Je peux rapporter oralement et de façon simple de courts passages d'un texte.
>   ⑦ Der Republik zum Geburtstag *(page 124)*
>   ⑬ Das Ende der Republik *(page 136)*
> - Je peux faire un exposé où en mettant en relief les points qui me semblent essentiels.
>   Projektarbeit **Zum Beispiel Thüringen** *(page 138)*

Nous trouvons ici une concrétisation de l'utilisation des niveaux de compétences du CECR, décomposés en niveaux intermédiaires, une approche focalisant le travail effectué sur le développement des compétences dans une activité langagière, un lien explicite entre les tâches prévues par le manuel, les niveaux de compétences et l'utilisation du PEL, ainsi que la possibilité d'amener les élèves à se fixer des objectifs dans la poursuite de leur travail.

Enfin, cette phase de bilan et d'auto-évaluation est l'occasion d'un dialogue pédagogique précieux pouvant inciter chaque élève à réfléchir sur les modalités individuelles les plus efficaces pour conduire ses apprentissages. Le CD-Rom qui accompagne ce manuel propose d'ailleurs une réflexion individuelle en amont et en aval de chaque entraînement à l'une des activités langagières.

5. Limiter le recours à la langue nationale

La langue utilisée dans le PEL représente une difficulté. Un PEL n'est en aucun cas destiné à l'apprentissage d'une langue particulière mais doit prendre en compte toutes les compétences des élèves dans l'ensemble des langues qu'ils apprennent ou qu'ils connaissent. La règle édictée par le Conseil de l'Europe impose dans tout PEL l'emploi d'au moins une des deux langues officielles de cet organisme, l'anglais ou le français, ainsi que de la langue de scolarisation des utilisateurs. Ce qui explique que les PEL français soient entièrement rédigés dans une seule langue. Outre le paradoxe que représentent des PEL monolingues dans un système éducatif qui prône la diversité linguistique, cela constitue un problème potentiel pour leur utilisation : le risque de l'intrusion abusive d'une réflexion menée en langue française dans des cours de langue vivante où le temps d'exposition à la langue enseignée est déjà très réduit.

Pour éviter cette dérive, on peut conseiller aux enseignants, d'une part d'utiliser le PEL à des moments espacés mais réguliers dans l'année et, d'autre part, de se servir, pour les bilans, de listes de repérage rédigées dans la langue régionale ou étrangère, comme c'est d'ailleurs le cas dans l'exemple de l'extrait de manuel en page 79.

Pour rester un outil efficace de promotion du plurilinguisme, le PEL doit impérativement être rédigé dans la langue maternelle ou la langue de scolarisation des élèves. La présence d'une ou de deux autres langues vivantes à côté du français aurait été possible mais aurait constitué une entorse au principe de diversification des langues dans le système éducatif français.

Cela n'interdit en aucune façon que, pour le travail dans une langue particulière, le professeur privilégie la démarche de bilan et de réflexion à partir de descripteurs ou de situations qu'il rédigera lui-même ou qu'il empruntera au PEL en usage dans le(s) pays dont il enseigne la langue.

Exemples de descripteurs extraits de PEL européens
Niveau A2 – Interaction orale

Conversar : Soy capaz de mantener breves diálogos con los compañeros y con el profesor ; también soy capaz de realizar juegos de rol sencillos, sobre temas conocidos. *(Ministro de Educación, Cultura y Deporte – Madrid 2003.)*

Interacção oral : Em situações do dia-a-dia e em que se trata de assuntos e actividades habituais, sou capaz de comunicar mensagens de carácter social, tais como formular e responder a convites, sugestões, pedidos de desculpa e de autorização, atender e fazer telefonemas… *(Ministério da Educação – Educação Básica – Portugal 2001.)*

Miteinander sprechen : Ich kann nicht nur etwas mitteilen und erfragen, sondern auch zeigen, ob ich damit einverstanden bin oder einen anderen Vorschlag oder eine andere Meinung habe. *(Landesinstitut für Schule und Weiterbildung, Soest, 2003.)*

Spoken interaction : I can ask someone about his/her plans for the week, weekend or holidays. *(Modern Languages in Primary Schools Initiative – Rep. of Ireland.)*

Interazione orale : Riesco a stabilire e mantenere cinatti sociali per :
a. prendere accordi e proporre iniziative per incontri
b. chiedere e dare informazioni sulla salute
c. ... *(Ministerio dell'instruzione, dell'università e della ricerca – Ufficio Scolastico Regionale per la Puglia – Direzione Generale – Bari, 2004.)*

Gesprekken voeren : Ik kan met anderen bespreken wat we gaan doen, waar we heen gaan en afspraken maken waar we elkaar ontmoeten. *(Europees Platform voor het Nederlandse Onderwijs et National Bureau Moderne Vreemde Talen, ...)*

Il est tout à fait envisageable, sous réserve d'aptitudes linguistiques minimales des élèves, de réaliser un bilan et une brève phase de réflexion sur les objectifs à poursuivre en utilisant la langue cible de façon simple. On utilisera à cet effet une liste de descripteurs ou de situations, limités à l'activité langagière et au(x) niveau(x) de compétences concernés. Le professeur pourra ensuite renvoyer les élèves à leur PEL pour y cocher, par exemple à la maison, les cases correspondantes.

6. Élaborer une programmation à partir de tâches calibrées sur les niveaux du CECR

Nous aborderons à la fin de ce chapitre une forme d'intégration du CECR et du PEL plus exigeante et ambitieuse. Sans vouloir l'appliquer immédiatement dans toutes ses facettes, les enseignants de langue pourront progressivement en tirer les conséquences et s'approprier la démarche.

Il s'agit d'élaborer, en référence au CECR, un parcours pédagogique adapté aux aptitudes des élèves et aux objectifs qui peuvent être poursuivis avec une classe.

La première étape de la démarche consiste à **identifier à quels niveaux de compétences du CECR correspondent les tâches proposées** dans une unité pédagogique à l'intérieur des matériels pédagogiques.

Cette relation est parfois indiquée dans les manuels.

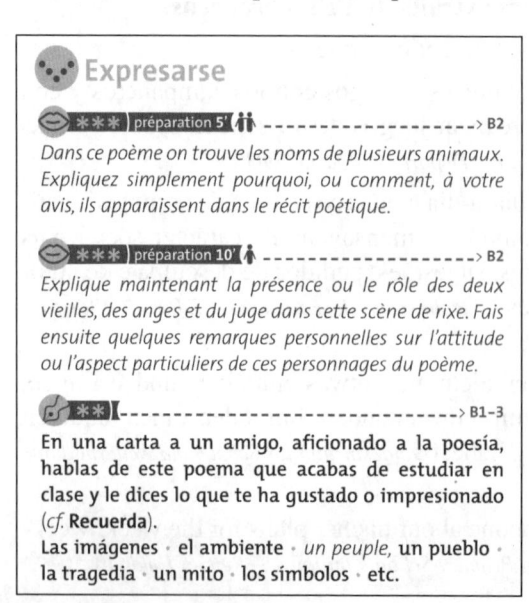

Expresarse

***) préparation 5' --------------------> B2

Dans ce poème on trouve les noms de plusieurs animaux. Expliquez simplement pourquoi, ou comment, à votre avis, ils apparaissent dans le récit poétique.

***) préparation 10' --------------------> B2

Explique maintenant la présence ou le rôle des deux vieilles, des anges et du juge dans cette scène de rixe. Fais ensuite quelques remarques personnelles sur l'attitude ou l'aspect particuliers de ces personnages du poème.

**) --------------------------------> B1-3

En una carta a un amigo, aficionado a la poesía, hablas de este poema que acabas de estudiar en clase y le dices lo que te ha gustado o impresionado (*cf.* **Recuerda**).
Las imágenes · el ambiente · *un peuple*, un pueblo · la tragedia · un mito · los símbolos · etc.

Mais la plupart du temps, elle n'est pas explicite. Comment procéder ?

Nous avons vu dans le chapitre 2 de la partie 1 comment identifier et analyser les tâches communicatives. Le chapitre 3 a ensuite été consacré à une étude des différents niveaux de compétences du CECR. Nous allons nous efforcer dans les exemples ci-dessous de faire, en quelque sorte, la synthèse entre le contenu de ces deux chapitres.

Pour expliciter la démarche proposée, nous prendrons l'exemple d'une tâche proposée dans un manuel d'espagnol.

CD>PLAGE>22

Hogares, *foyers* – la pareja, *le couple* – jornadas, *journées de travail* – listos para tomar, *prêts à consommer* – empresas, *entreprises* – valora, *juge* – maduro, *mûr* – por encima de otros, *plus que d'autres*.

Tu vas entendre six professionnels de la vente en grande surface évoquer, très succinctement, un aspect particulier du consommateur espagnol.
À partir de ces six points de vue essaie de dresser un portrait global du consommateur que tu exposeras à la classe.

Tu pourras utiliser ces mots :

D'abord, primero   por otra parte   de plus, además   une particularité, una peculiaridad   un autre trait, otro rasgo.

Cette tâche mobilise successivement deux activités langagières, la compréhension de l'oral et l'expression orale en continu. Nous devrons donc positionner cette tâche en deux temps.

Pour situer la difficulté en ce qui concerne la compréhension de l'oral, nous examinerons la grille pour l'auto-évaluation (*cf.* page 41), en nous limitant toutefois aux niveaux de A1 à B2.

A1	Je peux comprendre des mots familiers et des expressions très courantes au sujet de moi-même, de ma famille et de l'environnement concret et immédiat, si les gens parlent lentement et distinctement.
A2	Je peux comprendre des expressions et un vocabulaire très fréquent relatifs à ce qui me concerne de très près (par exemple moi-même, ma famille, les achats, l'environnement proche, le travail). Je peux saisir l'essentiel d'annonces et de messages simples et clairs.
B1	Je peux comprendre les points essentiels quand un langage clair et standard est utilisé et s'il s'agit de sujets familiers concernant le travail, l'école, les loisirs, etc. Je peux comprendre l'essentiel de nombreuses émissions de radio ou de télévision sur l'actualité ou sur des sujets qui m'intéressent à titre personnel ou professionnel si l'on parle d'une façon relativement lente et distincte.
B2	Je peux comprendre des conférences et des discours assez longs et même suivre une argumentation complexe si le sujet m'en est relativement familier. Je peux comprendre la plupart des émissions de télévision sur l'actualité et les informations. Je peux comprendre la plupart des films en langue standard.

Nous sommes clairement ici devant une tâche de niveau B1. Il s'agit pour les élèves de comprendre les points essentiels des interviews. Cela est certes commun aux niveaux A2, B1 et B2 mais la nature et le thème des textes entendus ne sont plus vraiment de niveau A2 : nous ne sommes pas en présence de messages simples mais d'explications. En revanche, ces textes ne relèvent pas non plus du niveau B2 : nous n'avons pas affaire à une argumentation complexe.

Si nous nous reportons à la liste des descripteurs du niveau B1 du PEL pour le lycée, nous trouvons effectivement celui-ci : « Je peux comprendre les points principaux d'une intervention sur des sujets familiers rencontrés régulièrement, y compris des récits courts.

Par exemple, assez pour pouvoir résumer très brièvement une présentation sur un point du programme ou sur la vie quotidienne, faite par un correspondant, par l'assistant ou à l'aide d'un enregistrement » (niveau B1-1).

Examinons la tâche maintenant sous l'angle de l'activité d'expression orale en continu. On peut situer le niveau de difficulté à l'aide de la partie de la grille pour l'auto-évaluation consacrée à cette activité et de nos commentaires de cette grille aux pages 47 et 48 (chapitre 3).

A1	Je peux utiliser des expressions et des phrases simples pour décrire mon lieu d'habitation et les gens que je connais.
A2	Je peux utiliser une série de phrases ou d'expressions pour décrire en termes simples ma famille et d'autres gens, mes conditions de vie, ma formation et mon activité professionnelle actuelle ou récente.
B1	Je peux m'exprimer de manière simple afin de raconter des expériences et des événements, mes rêves, mes espoirs ou mes buts. Je peux brièvement donner les raisons et explications de mes opinions ou projets. Je peux raconter une histoire ou l'intrigue d'un livre ou d'un film et exprimer mes réactions.
B2	Je peux m'exprimer de façon claire et détaillée sur une grande gamme de sujets relatifs à mes centres d'intérêt. Je peux développer un point de vue sur un sujet d'actualité et expliquer les avantages et les inconvénients de différentes possibilités.

Dans la mesure où cette tâche exige des élèves une prise de parole articulée (il s'agit de faire la synthèse de différents documents), nous ne sommes plus au niveau d'exigence A1 ou A2, pour lesquels l'expression en continu peut s'effectuer en juxtaposant des phrases ou des énoncés. La consigne ne demande pas non plus aux élèves de développer un point de vue ni de faire valoir une argumentation, comme l'exigerait le niveau B2.

Nous pouvons effectivement considérer que la tâche correspond bien au niveau B1 : les élèves doivent rapporter de façon structurée un contenu qui ne les concerne pas directement mais dont ils ont pris connaissance. Elle pourrait être mise en relation avec le descripteur suivant du PEL : « Je peux faire un exposé simple, que j'ai préparé, sur un sujet familier dans lequel les points importants sont développés avec précision » (niveau B1-2).

Cette utilisation de la grille pour l'auto-évaluation pour identifier le niveau d'exigence de tâches communicatives peut être aisément appliquée aux autres activités langagières dans le cadre des entraînements proposés dans les manuels.

Le constat du niveau d'exigence d'une tâche présente dans un manuel peut conduire le professeur à l'enrichir, à l'adapter, voire à en créer une autre de toutes pièces. Mais cela appelle une question : **tous les textes peuvent-ils donner lieu à des tâches adaptées à tous les niveaux de compétences ?**

Pour répondre, nous aurons une nouvelle fois recours aux informations dont nous disposons sur la nature des textes qu'évoque la grille pour l'auto-évaluation.

	Compréhension de l'oral	Compréhension de l'écrit
A1	énoncés prononcés lentement et distinctement au sujet de l'identité des interlocuteurs, de la famille ou de l'environnement immédiat et concret	mots ou phrases très simples dans des annonces, affiches ou catalogues
A2	énoncés ou échanges, sur des sujets très familiers (identité, famille, achats, environnement proche, travail, ...)	textes courts très simples ; documents courants comme les publicités, les prospectus, les menus et les horaires ; lettres personnelles courtes et simples
B1	annonces et messages simples et clairs ; échanges ou explications dans un langage clair et standard, sur des sujets familiers (travail, loisirs, école, ...)	textes rédigés essentiellement dans une langue courante ou relative à mon travail ; description d'événements, expression de souhaits dans des lettres personnelles
B2	discours longs sur un sujet familier ; émissions de radio ou de télévision sur l'actualité ou sur des sujets familiers	articles et rapports sur des questions contemporaines dans lesquels les auteurs adoptent une attitude particulière ou un certain point de vue ; texte littéraire contemporain en prose
C1	longs discours, même peu structurés ; émissions de télévision et films	textes factuels ou littéraires longs et complexes ; articles spécialisés et longues instructions techniques, même sans relation avec mon domaine
C2	tout type de message et de discours, même dans des conditions rendues difficiles par l'authenticité de la situation, la rapidité du débit, un accent particulier	tout type de texte, même abstrait ou complexe quant au fond et à la forme, par exemple un manuel, un article spécialisé ou une œuvre littéraire

Examinons, à l'aide de ce tableau, quatre documents figurant dans des manuels de langues et de niveaux de classe différents.

Les textes proposés ici pour la compréhension de l'écrit relèvent de façon évidente du niveau A1 : il s'agit de phrases simples et non pas d'un document courant comme évoqué dans la définition du niveau A2.

Dans l'extrait du même manuel reproduit page 87, nous sommes en présence de textes relevant du niveau A2 (textes courts composés de phrases simples, qui ne correspondent donc pas aux exigences de la définition du niveau B1).

Nous constatons donc en général, dans les manuels, une cohérence entre le choix des supports et le degré de difficulté des tâches demandées.

Tout n'est bien entendu pas toujours aussi tranché. Comparons cette dernière page du manuel de français avec le texte d'un manuel d'espagnol reproduit en bas de la page 87 (Carta a Roberto) et destiné, lui-aussi, à des élèves débutants. La longueur des textes et l'articulation entre les énoncés qui les composent rendent difficile a priori une classification identique. Si le texte français relève de façon évidente du niveau A2, le texte espagnol pourrait donner lieu à des tâches de niveau B1. Mais la linéarité du discours et le lexique présent dans ce texte, ainsi que les sujets abordés, le rendent tout autant adapté à des tâches de niveau A2 (lettres personnelles courtes et simples).

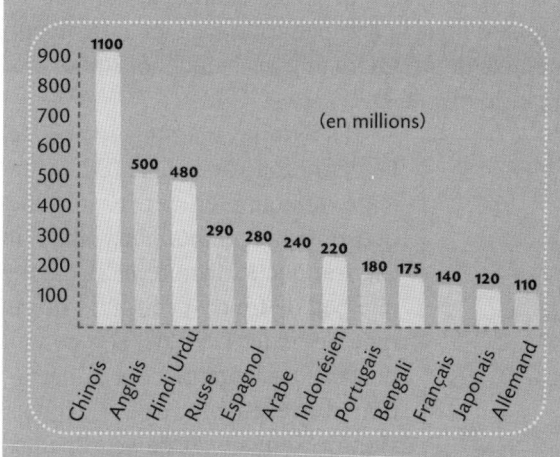

Aujourd'hui...

on parle plus de 3000 langues dans le monde mais beaucoup disparaissent parce qu'elles ne sont plus utilisées. Les langues les plus parlées sont le chinois et l'anglais. Le français arrive en 10ᵉ position après l'espagnol, l'arabe et le portugais. Ces langues sont parlées dans beaucoup de pays (anglais : 45 pays ; français : 33 ; arabe : 21 ; espagnol : 20). Les alphabets et écritures sont très variés selon les langues.

(en millions)

Langue	Locuteurs
Chinois	1100
Anglais	500
Hindi Urdu	480
Russe	290
Espagnol	280
Arabe	240
Indonésien	220
Portugais	180
Bengali	175
Français	140
Japonais	120
Allemand	110

ฉันรักเธอ ธอ

Carta a Roberto

Barcelona, julio de 1975

Querido Roberto:
Fue una gran sorpresa recibir tu carta al cabo de tanto tiempo [...].
Es posible que no lo creas, pero desde esta ciudad que según parece es la avanzada cultural de España, yo echo muchísimo de menos Galicia¹, Lobeira y hasta Vigo, por lo menos Vigo como era hace diez años, cuando todavía los tranvías² blancos y rojos subían jadeando³ las cuestas (el mes pasado, cuando fui al entierro de mi madre descubrí que ya no hay tranvías), cuando nos bañábamos en el mar, enfrente del balneario⁴ en lo que hoy son las sucias aguas del puerto deportivo⁵, enfrente de la mole⁶ sin gracia de un hotel que oculta el mar, cuando el Bao era una junquera⁷ y no un campo de fútbol, cuando en Samil había dunas. Tengo un buen trabajo aquí, pero creo que si me ofreciesen uno en Vigo, aun ganando menos⁸, lo aceptaría. [...]
Gracias por escribir, [...] y recuérdame como era entonces.
Ernesto.

Marilar ALEIXANDRE, *Midiendo por Lobeira*,
en *Lobos en las islas*, 2000.

1/ echo de menos Galicia: *la Galice me manque* - 2/ los tranvías: *les tramways* - 3/ jadeando: *en haletant* - 4/ el balneario: *les thermes* - 5/ el puerto deportivo: *le port de plaisance* - 6/ la mole: *la masse* - 7/ una junquera: *lieu où poussent des joncs* - 8/ aun ganando menos: *même en gagnant moins*

Le niveau potentiel d'un texte n'est donc pas donné a priori par le niveau de classe auquel s'adresse un manuel. La classification de ce texte en espagnol dans le niveau A2 deviendra plus manifeste quand nous le comparerons avec un autre document proposé dans un manuel de la classe de première et pour lequel nous pouvons hésiter, cette fois, entre le niveau B1 et le niveau B2.

"In Thai, you die!"

After a few idyllic months in Thailand, Sandra Gregory, a British tourist, found herself ill, penniless and desperate to return home.

It was time to leave but I had one major problem – my ticket had run out months ago and I didn't have any money to buy a new one. I thought about ringing my parents but pride got the better of me. As weeks passed, things went from bad to worse. I became infected with dengue fever (a virus transmitted by mosquitoes) and suffered intense fevers, splitting headaches and terrible cramps.

Then one day I bumped into an English bloke I'd met before. He knew I was desperate to get home and had a proposition for me – he'd give me £1,000 if I took a package to Tokyo for him. I asked him what was in the package. He replied matter-of-factly that it was heroin, his personal supply that he needed to see him through his holiday. The thought of smuggling heroin was ludicrous but the £1,000 was more than enough for a ticket home. I told him I'd think about it. I was ill, skint and desperate. This offer seemed like a simple solution so I gave him a call.

"I'll do it," I said.

On my way to the airport, my head was spinning. When the English bloke, his girlfriend and I arrived at the check-in desk, three men were waiting for us. They led us into a room and started searching through the English bloke's bags. I looked around and saw a sign on the wall: Customs Seizures. My stomach lurched. We were taken behind a screen and X-rayed. Then the customs men started shouting in Thai.

"We know you are trying to leave my country with heroin," one of them yelled at me. Laughing, he put two fingers to his temple and said: "Boom, in Thai, you die!"

I was ordered to remove the packages of heroin. My head was spinning with fear and shame. I couldn't stop thinking: "What will my family say?"

We were driven handcuffed to a police station. I was put in a filthy, stinking cell. Five days later a woman from the British embassy came to visit. She told me the minimum sentence I could get was 25 years and the maximum the death penalty.

For the first time in my life I couldn't imagine a future.

Forget you had a daughter, Sandra Gregory (2002)

After seven and a half years behind bars – both in Thailand and Great Britain – the King of Thailand granted Sandra a full pardon and she was eventually released.

Il s'agit bien, comme le précise la définition du niveau B2, d'un texte littéraire en prose sur une question contemporaine. Mais il est vrai que sa facture ne présente que peu de traits spécifiques de ce type de texte. De plus, son contenu fait une large place à la narration d'événements et à l'expression de souhaits et de sentiments, caractéristiques des textes servant à définir le niveau B1 de compétences. Nous pouvons conclure de cette très brève analyse que ce texte peut donner lieu à des tâches se situant entre les niveaux B1 et B2.

Sur la base d'une telle analyse, il est possible, dans la plupart des cas, de s'inspirer des descripteurs contenus dans les listes de repérage du PEL pour compléter, s'il y a lieu, les consignes proposées dans le manuel par des tâches souhaitables pour la programmation décidée avec un groupe d'élèves.

Arrêtons-nous sur le dernier extrait reproduit, dont nous avons dit qu'il relevait des niveaux B1 et B2, et regardons quels types de tâches de compréhension de l'écrit le manuel propose à son sujet.

● ○ ○ **on your marks...**
  1- Using the two photos in the order you like, make up the girl's story.
  2- Link the story with the titles of the extract and of the book.

○ ● ○ **get set...**
  3- Read the first paragraph and explain Sandra's problems. Suggest some possible solutions.

○ ○ ● **go...**
  4- Read paragraph 2. Using the following hints, sum up what happened:
      offer – first reaction – reply – reasons.
  5- Read the whole text. Which sentence can be seen as the turning point? Give titles for the two parts.
  6- Focusing on the second part, name the people involved and explain their roles and actions.
  7- Say if these adjectives can apply to any of the characters:
      petrified – sadistic – indifferent – shameful – panicky – threatening.
      Justify by quoting.

Nous trouvons des consignes de lecture qui renvoient effectivement au niveau de compétences B1 : repérage des événements décrits, des sentiments et du comportement des personnages. On pourrait facilement mettre ces consignes en regard des descripteurs du PEL :
> Je peux comprendre suffisamment un texte factuel sur un point du programme ou sur un de mes centres d'intérêt pour pouvoir y reconnaître les informations principales qu'il contient.
> Je peux comprendre les descriptions d'un sentiment ainsi que l'expression de souhaits formulés dans une langue courante.

En regardant de plus près les tâches demandées dans la suite, non reproduite ici, de cette page du manuel, notamment concernant l'expression écrite (« Imagine what Sandra wrote in her diary when she was weighing up the pros and cons before accepting the offer »), on s'aperçoit cependant que cette tâche ne peut être réalisée que si les élèves ont pu comprendre dans le texte les raisons qui poussent les personnages à agir, ce qui est, mot pour mot, l'un des descripteurs du niveau de compétences B2 du PEL.

Contrairement à une situation d'évaluation, le professeur ne s'interdira pas de mêler, si la dynamique de l'unité pédagogique l'exige, des tâches de niveaux proches mais différents (B1 et B2 comme ici par exemple). Il est cependant recommandé de s'assurer que les élèves se voient régulièrement proposer des tâches communicatives ayant un sens pour leur propre progression. Il aurait été incohérent par exemple de ne proposer, pour l'étude de ce texte, que des tâches relevant du niveau B2.

Même si l'ensemble de ces recommandations peut paraître complexe et contraignant, il est important de répéter qu'il ne s'agit pas de proposer une rupture complète avec les pratiques d'enseignement et que « l'approche actionnelle » soustendue par le CECR est compatible avec les matériels pédagogiques disponibles.

La finalité des développements de ce chapitre est d'exposer comment un enseignant de langue peut s'approprier progressivement ces outils pour chercher à mieux atteindre les objectifs qu'il se fixe avec ses élèves. Il n'est pas nécessaire de vouloir appliquer la totalité de ce qui y est exposé. Chacun mesurera l'intérêt de ces recommandations pour sa pratique et pour les besoins de ses élèves.

L'introduction, annoncée parfois au niveau national, comme c'est le cas en France, de la référence à ces outils pour organiser les groupes d'élèves et concevoir la programmation suivie avec ces élèves, va certes modifier profondément le contexte de cet enseignement. Si les professeurs de langue ont à cœur de tirer profit du CECR et du PEL pour enrichir leur savoir-faire professionnel, ils gagneront en efficacité. C'est ce que ce chapitre a tenté de montrer.

CHAPITRE 2

COMMENT ÉVALUER LES COMPÉTENCES EN LANGUE ?

Nous reviendrons plus loin dans ce chapitre sur les questions relatives à l'auto-évaluation et à ses relations avec l'évaluation à proprement parler. Nous aborderons dans un premier temps les conséquences de l'utilisation du CECR pour l'évaluation des élèves dans le cadre habituel de l'enseignement, la question des examens nationaux n'entrant pas dans le projet de cet ouvrage.

Le présupposé de tous les développements qui suivent est l'affirmation de la nécessité d'une évaluation séparée du niveau de compétences des élèves dans les différentes activités langagières. Cette exigence pédagogique est rappelée dans les documents d'accompagnement de la plupart des programmes de langue. Elle est en général respectée dans toutes les évaluations organisées par l'institution scolaire, même si certains examens n'organisent pas une évaluation de toutes les activités langagières. En France, par exemple, elle a fait l'objet récemment d'une expérimentation réussie dans les dernières classes de l'enseignement secondaire général et est adoptée pour les épreuves du baccalauréat d'une nouvelle série de formation (STG). C'est une pratique bien installée dans les lycées de l'enseignement agricole français où le contrôle en cours de formation intègre obligatoirement, pour toutes les formations spécifiques à ce ministère, une évaluation distincte des activités langagières.

1. Construire un test d'évaluation en référence au CECR

Pour **évaluer le niveau de compétences des élèves dans les activités de production**, la tâche du professeur est relativement simple. La grille pour l'auto-évaluation et les listes de repérage du PEL nous fournissent des repères suffisamment riches. Une évaluation de l'aptitude à la production écrite ou orale devra s'effectuer à travers des tâches communicatives correspondant au niveau de compétences dont on veut vérifier la maîtrise par les élèves.

Prenons l'exemple de l'expression orale en continu.

A1	Je peux utiliser des expressions et des phrases simples pour décrire mon lieu d'habitation et les gens que je connais.
A2	Je peux utiliser une série de phrases ou d'expressions pour décrire en termes simples ma famille et d'autres gens, mes conditions de vie, ma formation et mon activité professionnelle actuelle ou récente.
B1	Je peux m'exprimer de manière simple afin de raconter des expériences et des événements, mes rêves, mes espoirs ou mes buts. Je peux brièvement donner les raisons et explications de mes opinions ou projets. Je peux raconter une histoire ou l'intrigue d'un livre ou d'un film et exprimer mes réactions.

B2	Je peux m'exprimer de façon claire et détaillée sur une grande gamme de sujets relatifs à mes centres d'intérêt. Je peux développer un point de vue sur un sujet d'actualité et expliquer les avantages et les inconvénients de différentes possibilités.
C1	Je peux présenter des descriptions claires et détaillées de sujets complexes, en intégrant des thèmes qui leur sont liés, en développant certains points et en terminant mon intervention de façon appropriée.
C2	Je peux présenter une description ou une argumentation claire et fluide dans un style adapté au contexte, construire une présentation de façon logique et aider mon auditeur à remarquer et à se rappeler les points importants.

Grille pour l'auto-évaluation, *CECR*, pages 26 et 27

Supposons que les élèves aient travaillé dans le cadre de l'entraînement à l'expression orale en continu, sous la conduite de leur professeur d'allemand, avec l'unité pédagogique suivante.

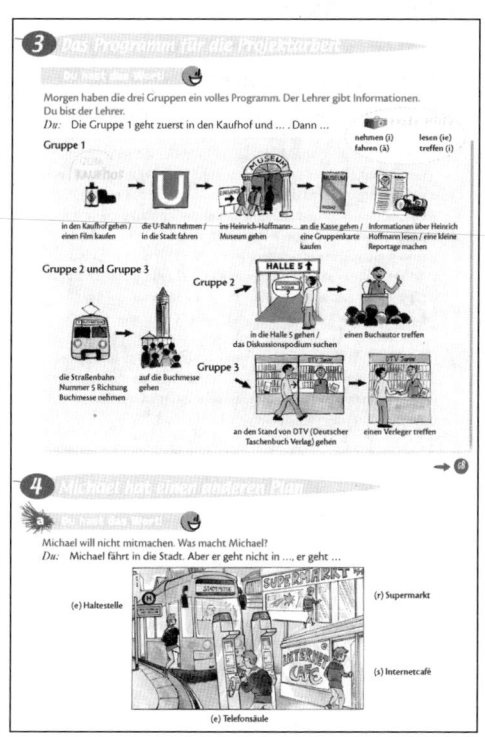

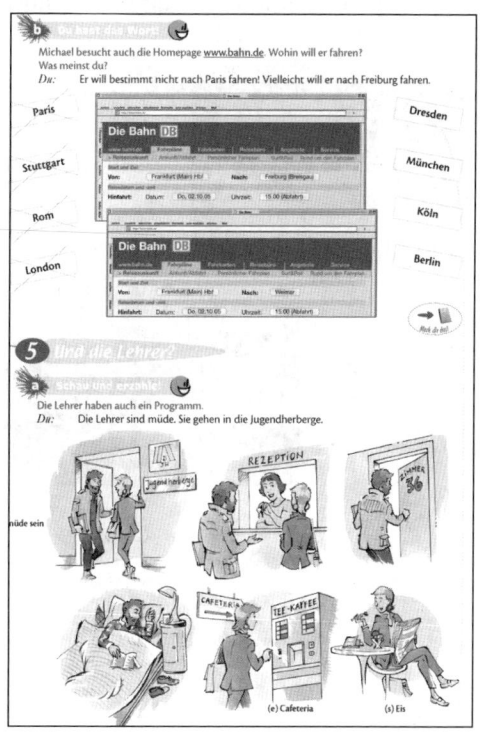

Dans cette double page, ils ont fait l'apprentissage de l'articulation entre des énoncés simples, à l'aide de connecteurs chronologiques (« alors ») et logiques (« mais ») et ont appris à modaliser leurs énoncés (« certainement pas », « peut-être »). On pourra dès lors leur demander, pour évaluer leur aptitude à l'expression orale en continu, de rendre compte de la chronologie d'événements communiqués sous forme de vignettes ou projetés en classe, et dont le contenu ne leur pose aucune difficulté lexicale.

Comment évaluer les compétences en langue ? 91

Nous sommes, avec cette tâche, au niveau de compétences A1 : je peux faire des phrases en utilisant « et », « mais », « alors ».

On remarquera que ce descripteur figure, dans certains PEL (comme celui pour le collège en France), sous la rubrique Écrire. En effet, on peut considérer qu'à ce niveau, et peut-être même à des niveaux de classe supérieurs, l'entraînement à l'expression orale en continu est la forme par excellence d'apprentissage de l'expression écrite.

Après une unité pédagogique comprenant, entre autres, les documents reproduits ci-dessous, l'évaluation pourra consister à demander à des élèves de comparer deux documents liés à l'environnement scolaire dans leur pays et en Espagne ou dans un pays d'Amérique latine (ex : deux emplois du temps, des tenues vestimentaires, les calendriers scolaires, …) et d'exposer leur préférences.

Cette tâche d'expression correspond aux descripteurs du niveau A2 du PEL :
– Je peux décrire et comparer sommairement des objets.
– Je peux expliquer en quoi une chose me plaît ou me déplaît.

Haciendo los deberes

Estaba inclinada sobre su ancha carpeta de anillas, inclinada y absorta, indiferente al televisor con el volumen demasiado alto que veían su padre y sus hermanos más pequeños, haciendo los deberes, igual que todas las tardes, en la mesa del comedor, de la que había retirado cuidadosamente el adorno floral del centro[1], para despejar[2] el espacio que necesitaba, sus cuadernos de dos rayas, sus libros forrados por ella misma con plástico adhesivo, el estuche de cremallera[3] donde guardaba los lápices, el sacapuntas, la goma, cada cosa en su sitio […]. Le gustaba mucho el olor[4] de los lápices y el de los cuadernos, la modesta voluptuosidad del olor de la goma, de la madera, de la tinta ácida de los rotuladores, se embebía escribiendo[5] con el lápiz bien afilado sin salirse de las dos rayas azules del cuaderno o coloreando un dibujo recién terminado […].

Antonio MUÑOZ MOLINA, Plenilunio, 1997.

1/ el adorno floral del centro: le centre de table fleuri - 2/ despejar: dégager - 3/ la cremallera: la fermeture éclair - 4/ el olor: l'odeur - 5/ se embebía escribiendo: elle se plongeait dans l'écriture

Enfin, imaginons le cas d'une classe qui a, en anglais, exploité les interviews proposés dans le manuel *Going Places* (Première, page 140), dans lesquels cinq personnes donnent leur avis sur la tendance de certains tribunaux américains à remplacer des peines de prison par l'obligation de s'exposer en public avec l'indication du crime commis.

L'évaluation du niveau atteint par des élèves dans l'expression orale en continu pourrait prendre appui sur la photographie ci-dessous. On pourra demander aux élèves évalués d'expliquer le contenu de ce document et de donner, en le justifiant, leur avis.

Selon les aptitudes des élèves et leur prestation individuelle, cette consigne de travail relèvera soit du niveau B1-2 : je peux parler simplement et sans préparation de sujets variés en relation avec mes domaines d'intérêt ou avec un point du programme ; soit du niveau B2 : je peux développer une argumentation personnelle en mettant en évidence les avantages et inconvénients de mes opinions.

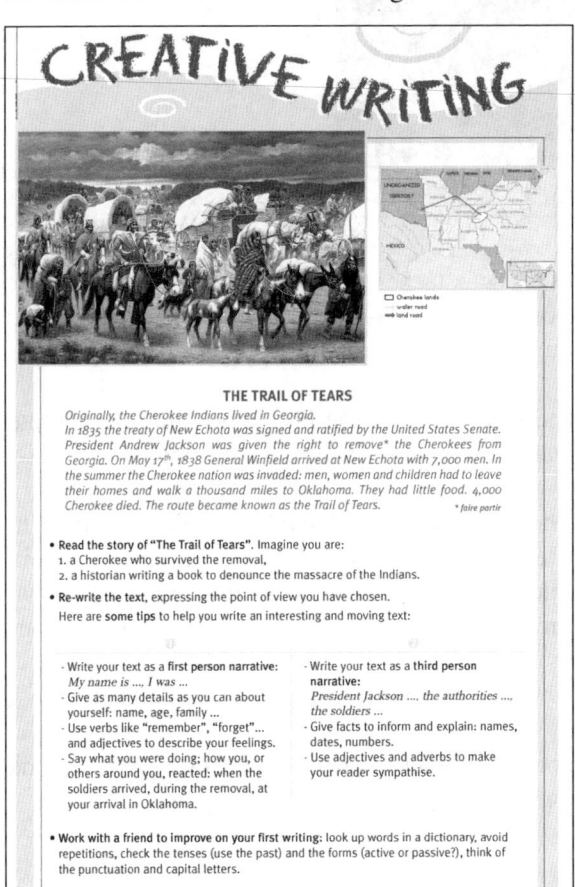

CREATIVE WRITING

THE TRAIL OF TEARS

Originally, the Cherokee Indians lived in Georgia.
In 1835 the treaty of New Echota was signed and ratified by the United States Senate. President Andrew Jackson was given the right to remove* the Cherokees from Georgia. On May 17th, 1838 General Winfield arrived at New Echota with 7,000 men. In the summer the Cherokee nation was invaded: men, women and children had to leave their homes and walk a thousand miles to Oklahoma. They had little food. 4,000 Cherokee died. The route became known as the Trail of Tears.

* faire partir

- **Read the story of "The Trail of Tears".** Imagine you are:
  1. a Cherokee who survived the removal,
  2. a historian writing a book to denounce the massacre of the Indians.
- **Re-write the text,** expressing the point of view you have chosen.
  Here are **some tips** to help you write an interesting and moving text:

1	2
- Write your text as a **first person narrative**: *My name is ..., I was ...* - Give as many details as you can about yourself: name, age, family ... - Use verbs like "remember", "forget"... and adjectives to describe your feelings. - Say what you were doing; how you, or others around you, reacted: when the soldiers arrived, during the removal, at your arrival in Oklahoma.	- Write your text as a **third person narrative**: *President Jackson .... the authorities .... the soldiers ...* - Give facts to inform and explain: names, dates, numbers. - Use adjectives and adverbs to make your reader sympathise.

- **Work with a friend to improve on your first writing**: look up words in a dictionary, avoid repetitions, check the tenses (use the past) and the forms (active or passive?), think of the punctuation and capital letters.

Comment évaluer les compétences en langue ? 93

Lorsque le niveau des élèves composant le groupe n'est pas homogène et que le contexte le permet, il est tout à fait concevable, et même recommandé, de prévoir, dans une évaluation portant sur les activités de production, des tâches relevant de niveaux différents.

Ainsi, pendant l'unité tirée du manuel d'anglais ci-dessous, consacrée au traitement des Indiens d'Amérique par les nouveaux Américains, les élèves ont été entraînés à l'expression écrite, comme le montre l'extrait reproduit page précédente.

Un test d'évaluation de l'aptitude à cette activité pourrait dans ce cas, par exemple, prendre appui sur la photographie suivante :

Native American children in a boarding school during detribalization.

On pourrait demander aux élèves les deux tâches suivantes, de niveaux différents :
– raconter l'expérience d'un de ces enfants, dans une lettre rédigée à la première personne (niveau A2 : je peux raconter ce qui m'est arrivé dans un passé proche ou lointain) ;
– décrire son état d'esprit et prendre position (niveau B1 : je peux faire le compte rendu d'expériences en décrivant mes sentiments et mes réactions).

La construction d'un test est chose plus délicate quand il s'agit **d'évaluer la compréhension de l'oral ou de l'écrit**. En effet, il faut alors combiner le choix d'un support et une tâche communicative, en s'appuyant, comme nous l'avons vu dans le chapitre 1 de la partie 2, sur les informations contenues dans la grille pour l'auto-évaluation (*cf.* page 85).

Dans l'idéal, on concevra pour chaque niveau de compétences une tâche liée à un document spécifique.

Mais, il est possible aussi de faire se succéder des tâches relevant d'un niveau de compétences différent à propos du même support, si celui-ci s'y prête.

ZIVILCOURAGE
Fäuste in der Tasche
Mit jungen Hilfssheriffs gegen Vandalismus

Sebastian und seine Mitschüler werden ausgebildet[1], um künftig in Bussen und Straßenbahnen in Bochum mit Gewalttätigen und Vandalen fertig werden[2] zu können. Mehr als 150 speziell trainierte Schüler im Alter von 14 bis 19 Jahren arbeiten dort als ehrenamtliche Fahrzeugbegleiter[3]. Vandalismus-Schäden[4] in Bussen und Bahnen sind seit 1998 um rund 40 Prozent zurückgegangen und die Schulwege sind sicherer geworden.

Auf die Idee kam Ernst Nieland von der Straßenbahnen AG Bochum, gemeinsam mit Lehrern und Schülern im Frühjahr 1998. Allein im Jahr 1997 wurden Schäden in Höhe von 600 000 Mark registriert, davon ein Großteil in Schulbussen und -bahnen. Auch die Schüler beschwerten[5] sich: Jüngere wurden von Älteren in Bussen attackiert, Ausländer angegriffen, Eingänge blockiert, so dass viele zu spät zum Unterricht kamen.

Wer Fahrzeugbegleiter werden will, bekommt eine Ausbildung von drei Doppelstunden Verhaltenstraining im Bus mit einem Polizeispezialisten, inklusive Übungen in Körpersprache und Kommunikationstechnik. Zum Schluss gibt es Ausweise mit dem Titel „Fahrzeugbegleiter".

Die Trainer raten den Schülern, nicht um jeden Preis alles regeln zu wollen; sie sollen sich nicht in Gefahr bringen. Eva Müller-Schröder, Vertrauenslehrerin, weiß freilich, dass es unter den künftigen Fahrzeugbegleitern einige gibt, die selbst zur Gewalt neigen oder zur rechten Szene gehören. „Gerade problematische Schüler", hofft sie jedoch, „werden auf andere Gedanken kommen, wenn wir ihnen Verantwortung übertragen".

Doch nicht jeder darf beim Projekt mitmachen. „Wer es nach der Ausbildung nicht schafft, trotz Provokationen die Fäuste[6] in der Tasche zu behalten, fliegt raus", erklärt ein Polizist.

(aus: *Der Spiegel* Nr. 10/2001)

Bien que le document ci-dessus ne soit pas destiné à cet usage dans l'unité pédagogique, nous le prendrons comme support pour une évaluation de la compréhension de l'écrit avec un groupe d'élèves en cours d'accession au niveau B1 de compétences dans cette activité.

Pour permettre une lecture plus aisée par des lecteurs ne maîtrisant pas suffisamment l'allemand, nous rédigerons les items de cette évaluation en français.

Il est évident que ce texte relève effectivement du niveau B1 de la grille pour l'auto-évaluation, néanmoins, il est peut-être souhaitable de permettre à des élèves moins assurés dans cette activité de montrer leur aptitude au niveau A2. Pour cela, nous pouvons proposer à ce groupe une évaluation qui débute par deux consignes renvoyant à des descripteurs du niveau A2 :

➢ Je peux reconnaître de quoi parle une lettre ou un texte quand il s'agit d'un sujet que je connais.

Exemple de consigne pour l'évaluation : on pourra demander aux élèves de présenter brièvement le sujet abordé dans cet article (formation de jeunes volontaires pour lutter contre les actes de vandalisme).

➢ Je peux suivre la construction d'un récit court ou la description brève de faits, concernant des sujets familiers.

> Par exemple, reconnaître dans quel ordre les événements ont eu lieu et identifier ce qui les relie (causes, conséquences...).

Exemple de consigne pour l'évaluation :
Dites quel est le thème de chacun des cinq paragraphes du texte.
Reportez dans les cases la lettre correspondant au thème abordé (a, b, c, d, e).
Thèmes abordés :
– la situation de départ = a
– les solutions adoptées = b
– les modalités de mise en œuvre = c
– les restrictions mentionnées = d
– quelques conseils = e
Paragraphe 1 (lignes 1 à 16) ☐
Paragraphe 2 (lignes 17 à 32) ☐
Paragraphe 3 (lignes 33 à 41) ☐
Paragraphe 4 (lignes 42 à 55) ☐
Paragraphe 5 (lignes 56 à la fin) ☐

L'essentiel de cette évaluation devra cependant se situer au niveau B1. Les descripteurs pouvant servir de base aux consignes relevant de ce niveau sont les suivants :

➤ B1-1 : Je peux comprendre suffisamment un texte factuel sur un point du programme ou sur un de mes centres d'intérêt pour pouvoir y reconnaître les informations principales qu'il contient.

Dans l'évaluation, on pourra donc vérifier que les élèves ont compris comment sont sélectionnés et formés les volontaires ainsi que le bilan tiré par le journaliste.

Exemple de consigne pour l'évaluation :
Cochez l'affirmation correspondant au texte et justifiez la réponse choisie par une brève citation.
a) L'opération a été plutôt un échec. ☐
b) On ne connaît pas encore les effets de cette opération. ☐
c) L'opération a permis des résultats sensibles. ☐
d) Les résultats sont très différents selon les lieux. ☐
e) Les résultats sont interprétés de façon très différente par la police et les organisateurs. ☐
Citation : ....

➤ B1-2 : Je peux reconnaître les points significatifs d'un article de journal bien structuré sur un sujet familier.

Pour vérifier la maîtrise de ce descripteur, l'évaluation pourra porter sur un aspect non événementiel de cet article mais essentiel pour son contenu : les recommandations formulées à l'attention des volontaires pour cette opération (ne jamais se mettre en danger, se maîtriser dans toutes les situations).

➤ B1-3 : Je peux identifier les principales conclusions d'un texte argumentatif bien articulé.

Ce dernier point pourrait être évalué en demandant aux élèves d'expliquer ce que veut dire Mme Eva Müller-Schröder quand elle affirme, dans les lignes 51 à 55 : « Gerade problematische Schüler werden auf andere Gedanken kommen, wenn wir ihnen Verantwortung übertragen » (confier des responsabilités à des élèves posant des problèmes peut précisément les amener à changer de comportement).

2. Évaluer la performance des élèves lors d'un test

Là encore, il nous faudra distinguer compréhension et expression.

Dans un test évaluant la compréhension, il est aisé de voir si un élève a effectivement réussi dans la tâche demandée. Dans le cas d'un test composé de tâches de niveaux différents de compétences, il revient au professeur de décider de la pondération de chacune de ces tâches dans la note globale. Pour l'exemple des tâches proposées ci-dessus à propos du texte « Fäuste in der Tasche », il serait concevable de choisir, par exemple, la pondération suivante, selon que ce test s'adresse à des élèves de langue vivante 1 ou de langue vivante 2. Les points sont calculés par rapport au système de notation français de 0 à 20 (cette dernière note étant la meilleure).

Niveau des tâches	LV1	LV2
A2	5 points	10 points
B1	15 points	10 points
	20 points	20 points

On remarquera que, dans le cas de figure d'un test proposant des tâches différenciées, à partir de supports spécifiques ou du même texte, la répartition des points ne peut plus se faire en tenant compte exclusivement des informations contenues dans le(s) texte(s) (par exemple 2 points par information comprise ou restituée), mais en respectant le poids relatif des tâches de niveaux différents dans les objectifs de la classe.

La question de **l'évaluation de la qualité de la production écrite ou orale** d'un élève nous permet d'approfondir la notion fondamentale d'**évaluation positive** abordée page 48. Il s'agit d'évaluer les compétences des élèves à partir de **ce qu'ils sont capables de réaliser avec la langue** et non pas, en négatif, à partir d'un idéal de maîtrise totale de la langue ou, encore moins, à l'aide de critères exclusivement formels, indépendants de la tâche à réaliser. Cela vaut bien sûr aussi pour la compréhension de l'écrit et de l'oral mais la portée est bien plus grande pour les pratiques d'évaluation de la production orale et écrite dans une langue régionale ou étrangère.

Pour illustrer cette notion clef, nous ferons le détour par une activité langagière qui n'est pas directement liée à notre propos : l'évaluation de la traduction d'un texte. Deux façons d'évaluer la traduction vers la langue nationale d'un texte en langue étrangère (ou régionale) coexistent et se concurrencent. La première, la plus connue, consiste à comptabiliser les erreurs commises selon une typologie établie dans l'absolu (non-sens, contresens, faux-sens, mal dit, barbarisme, etc.) et à ôter de la note maximale le nombre de points correspondant au total de ces erreurs. La seconde consiste à découper le texte en une suite de segments porteurs de sens et à se prononcer, segment par segment, sur la qualité de la traduction réalisée, en attribuant un nombre de points croissant selon que la traduction du segment transmet l'essentiel de l'information, respecte la totalité du sens, ne commet aucune maladresse dans la mise en forme du passage ou propose une traduction particulièrement réussie.

On voit bien que ces deux façons d'évaluer une même traduction ont de fortes chances d'aboutir à des résultats très dissemblables. Elles illustrent, malgré la différence dans l'objet, l'opposition fondamentale entre une évaluation de la production focalisée sur les erreurs et les maladresses commises et une évaluation positive qui s'attache à apprécier les réussites, même partielles, dans les tâches demandées.

Bien entendu une évaluation de l'expression, même positive, doit s'appuyer sur des critères qualificatifs. Le CECR fournit, au chapitre 5 (pages 87 à 101), treize critères qualitatifs pour la production écrite ou orale, avec, pour chacun, une grille situant le niveau de réussite de A1 à C2 pour certains, de A2 à C2 pour la plupart.

Ces critères qualitatifs sont les suivants :
– étendue linguistique générale,
– étendue du vocabulaire,
– maîtrise du vocabulaire,
– correction grammaticale,
– maîtrise du système phonologique,
– maîtrise de l'orthographe,
– correction sociolinguistique,
– souplesse,
– tours de parole,
– développement thématique,
– cohérence et cohésion,
– aisance à l'oral,
– précision.

Nous prendrons l'exemple sensible de la correction grammaticale, en nous limitant volontairement au niveau B2 +, pour voir comment, même sur ce point, une évaluation peut être conçue de façon positive.

Correction grammaticale

B2 +	A un bon contrôle grammatical ; des bévues occasionnelles, des erreurs non systématiques et de petites fautes syntaxiques peuvent encore se produire mais elles sont rares et peuvent souvent être corrigées rétrospectivement.
B2	A un assez bon contrôle grammatical. Ne fait pas de fautes conduisant à des malentendus.

B1 +	Communique avec une correction suffisante dans des contextes familiers ; en règle générale, a un bon contrôle grammatical malgré de nettes influences de la langue maternelle. Des erreurs peuvent se produire mais le sens général reste clair.
B1	Peut se servir avec une correction suffisante d'un répertoire de tournures et expressions fréquemment utilisées et associées à des situations plutôt prévisibles.
A2	Peut utiliser des structures simples correctement mais commet encore systématiquement des erreurs élémentaires comme, par exemple, la confusion des temps et l'oubli de l'accord. Cependant le sens général reste clair.
A1	A un contrôle limité de structures syntaxiques et de formes grammaticales simples appartenant à un répertoire mémorisé.

CECR, page 90

Comme dans l'exemple de la traduction, utiliser cette grille, c'est se prononcer sur le degré de maîtrise de la langue dans l'accomplissement d'une tâche communicative plutôt que cumuler les points négatifs en fonction du nombre d'erreurs de syntaxe ou de morphologie commises.

Cela ne signifie pas que l'enseignant ne doive pas s'intéresser aux erreurs et aux maladresses d'un élève. Bien au contraire. Sa mission consiste précisément à permettre aux élèves de lever ces obstacles à une communication plus efficace et à les faire progresser. Il devra donc repérer ces erreurs et en tenir compte dans les actes pédagogiques qu'il mettra ensuite en œuvre. Mais cela ne doit pas être confondu avec l'évaluation des élèves dans l'aptitude à réaliser des tâches communicatives avec la langue.

Si le professeur souhaite contrôler l'appropriation par les élèves de points de syntaxe ou de morphologie, il est bien sûr tout à fait habilité à le faire et cela peut, dans certaines circonstances, être un levier utile pour obtenir des élèves certains apprentissages. Toutefois cette partie éventuelle d'un devoir ne devra pas être confondue avec l'évaluation de la production écrite ou orale proprement dite, et les résultats respectifs devront clairement être perçus par les élèves.

Revenons donc à cette évaluation de la qualité de la production et aux critères fournis par le CECR. Ils sont trop nombreux pour être tous pris en compte dans une même évaluation : neuf peuvent s'appliquer à une production écrite, onze à l'expression orale en interaction et dix à l'expression orale en continu.

Il est de la responsabilité du professeur d'en sélectionner quelques-uns, sans doute pas plus de quatre, qui correspondent à ses choix pédagogiques et à un contexte particulier, et ce en essayant de mêler des critères portant plutôt sur la réalisation de la tâche (développement thématique, cohésion, aisance à l'oral, tours de parole, …) et d'autres portant sur les aspects liés au système de la langue (correction grammaticale, maîtrise du système phonologique, maîtrise de l'orthographe, …).

Ce choix étant fait, l'enseignant pourra attribuer un nombre de points à chaque critère et distribuer ces points selon le niveau atteint pour chaque critère, en tenant compte naturellement des attentes légitimes par rapport au niveau de classe et aux objectifs poursuivis.

Prenons l'exemple d'élèves d'une classe dont l'objectif fixé par le programme est le niveau B1, comme la classe de troisième en France. On pourrait concevoir un barème de correction d'une évaluation de l'expression orale en interaction tel que celui-ci :

Critères retenus	niveau A1	niveau A2	niveau B1
maîtrise du système phonologique	1 point	3 points	5 points
correction sociolinguistique	1 point	3 points	5 points
souplesse	2 points	4 points	5 points
correction grammaticale	2 points	4 points	5 points

Selon cet exemple, une évaluation de l'aptitude d'un élève à participer à une conversation ou à un débat, au cours de laquelle le professeur aurait estimé la prestation comme correspondant au niveau A2 pour les trois premiers critères retenus ici et au niveau B1 pour le quatrième critère (correction grammaticale), aboutirait à une note de 15 sur 20.

3. L'auto-évaluation et l'évaluation par le professeur

Nous sommes apparemment assez loin de l'auto-évaluation évoquée dans le chapitre précédent. Il s'agissait d'inviter les élèves à faire le point sur leur réussite dans les tâches proposées au cours de l'enseignement reçu ou dans leur utilisation personnelle de la langue. Ils disposent pour cela des listes de repérage du PEL.

Pour l'évaluation par l'enseignant de la qualité de la production, les outils utilisés sont les critères qualitatifs listés plus haut. La distance entre l'évaluation par le professeur et l'auto-évaluation représente certainement un défi majeur pour l'introduction du CECR et du PEL dans les pratiques pédagogiques.

Nous remarquerons cependant que cette distance tend à se restreindre quand les deux ont recours à la référence commune du CECR et à l'échelle de niveaux de compétences. De plus, **si les critères d'évaluation sont connus des élèves et si leur production fait l'objet d'une appréciation et d'une analyse conçues dans ce sens, l'évaluation par le professeur constitue sans doute un moment important dans l'apprentissage de l'auto-évaluation.**

4. Notation et niveaux de compétences

Les deux ont des objectifs bien différents.

La notation par le professeur participe aux décisions collectives prises par l'équipe éducative, avec l'élève et sa famille, quant à son cursus, à son orientation. Elle reflète la contribution de chaque discipline à la formation générale de l'élève. Même si chaque discipline connaît des contraintes spécifiques, comme la nécessité en langue vivante de rendre compte de façon séparée des compétences des élèves dans les différentes activités langagières, la notation doit répondre à des caractéristiques communes, par exemple, en France, l'utilisation d'une échelle de notes allant de 0 à 20.

De plus, comme pour toutes les disciplines, la notation en langues vivantes situe les compétences des élèves par rapport aux objectifs d'un niveau de classe ou d'une période de formation.

Ainsi, on pourrait penser qu'un élève qui, en classe de troisième, montrerait qu'il possède le niveau de compétences B1 dans une langue et aurait ainsi atteint la totalité de l'objectif de maîtrise de cette langue à ce niveau de classe mérite la note maximale, à savoir 20 sur 20.

Dans la même logique, cette note maximale de 20 sur 20 devrait sanctionner tout élève atteignant le niveau A1 en fin d'école primaire, le niveau A2 en fin de palier 1 du collège et le niveau B2 en fin de série de formation générale au lycée.

Pourquoi est-ce si rarement le cas ? Pourquoi tant de professeurs de langue refusent-ils de donner une telle note à des performances correspondant à ce niveau de compétences ?

La réponse est évidente. Parce que la note donnée traditionnellement en langue vivante est censée à la fois sanctionner la réussite d'un élève par rapport aux attentes du professeur et indiquer que cet élève doit et peut encore progresser.

Donner à un élève une telle note alors qu'il ne possède pas la totale maîtrise de la langue fait craindre qu'il estime, à tort, avoir atteint le degré maximal de compétences.

Mais c'est précisément le rôle du CECR que de positionner dans le continuum de la compétence communicative et de situer un degré de maîtrise par rapport aux différents niveaux possibles.

Si un professeur parvient à faire comprendre aux élèves, grâce à l'échelle du CECR et au PEL, la place de l'objectif poursuivi à un moment donné de sa formation dans ce continuum, il pourra sans crainte noter les élèves de façon cohérente par rapport à cet objectif. Aucun élève de troisième ayant obtenu 20 sur 20 dans une langue ne s'imaginera alors être parvenu au niveau C2 et pouvoir « se reposer sur ses lauriers ».

Quand elles sont utilisées de façon complémentaire, la notation et la référence à l'échelle de niveaux du CECR peuvent jouer pleinement leurs rôles respectifs.

Que signifie la note de 14 sur 20 pour une tâche de production écrite d'un élève de cinquième par exemple, dans la langue étudiée depuis l'école primaire ? Elle doit indiquer que cet élève n'a pas encore atteint la maîtrise complète de tous les aspects contenus dans la définition du niveau A2 dans cette activité langagière, mais que sa production satisfait au moins aux exigences du niveau A1.

On voit bien l'intérêt d'avoir recours, de façon explicite, à ces deux échelles de référence pour l'enseignement des langues que constituent :
– l'objectif spécifique de la classe pour noter la prestation des élèves,
– l'échelle de niveaux du CECR pour libérer le professeur de toute ambiguïté dans la signification de la note attribuée.

Cela explique en particulier pourquoi il est important que le PEL donne aux élèves, dès l'école primaire, une vue de l'ensemble des niveaux, au-delà de ce qu'ils peuvent espérer atteindre pour le moment, et que ces niveaux de compétences ne soient pas adaptés, dans leur contenu, aux possibilités momentanées des élèves mais restent identiques pour les utilisateurs de tous les âges.

Revenons cependant, pour encore quelques lignes, au sens de cette note de 14 sur 20, donnée comme exemple. Elle est, comme on l'a vu précédemment, le produit de la pondération adoptée par le professeur entre différents critères d'évaluation (*cf.* pages 97 à 100). Elle peut aussi intégrer d'autres éléments.

En effet, le savoir socioculturel doit également être évalué et peut donner lieu à des points spécifiques dans une évaluation. De plus, un devoir peut aussi parfois inclure d'autres composantes que des tâches communicatives : par exemple, pour des élèves débutants, la vérification de l'apprentissage du lexique ou de la grammaire.

Le 14 sur 20 peut donc être un reflet très imparfait des compétences réelles d'un élève. Nous en tirerons deux conséquences :
– l'intérêt réaffirmé de l'auto-évaluation grâce au PEL, complémentaire de l'évaluation par le professeur, et qui ne porte, elle, que sur le niveau de compétences,
– et la nécessité d'indiquer clairement aux élèves ce qui, dans un devoir ou une note, renvoie à l'appréciation des compétences et ce qui renvoie au comportement, à la mémorisation, à un apprentissage, etc.

5. Quand peut-on considérer qu'un élève a atteint un niveau de compétences ?

Pour répondre à cette question fréquente, nous devons distinguer trois cas différents.

La première modalité de vérification d'un niveau de compétences est représentée par une certification ou un examen, calibrés par rapport aux niveaux du CECR. On pense par exemple aux certifications des centres culturels étrangers réunis dans l'association ALTE (Association of Language Testers in Europe). Le calibrage de ces certifications est l'objet d'un soin minutieux et de démarches communes au niveau européen encouragées par le Conseil de l'Europe. Il est en effet essentiel, pour la valeur même de l'échelle du CECR, que tout niveau B1 attesté représente le même savoir-faire, quel que soit le pays où est donnée cette certification et quelle que soit la langue évaluée. Grâce à ce calibrage, à la durée des tests et à la palette des situations mises en œuvre pour vérifier le caractère généralisable des aptitudes montrées lors des épreuves, ces certifications sont un modèle quant à la vérification du niveau de compétences langagières d'un individu.

La deuxième situation est donnée par les tests que les professeurs organisent pour leurs élèves au cours de l'année scolaire. Nous avons vu que la fiabilité et la validité des tests peuvent être améliorées en tenant compte d'un certain nombre de recommandations du CECR. Mais ces tests ne peuvent donner que des indices quant au niveau de compétences réel. En effet, ils connaissent des limites : ils ne peuvent pas intégrer toute la palette d'activités nécessaires pour s'assurer que la réussite à une épreuve n'est pas ponctuelle. La difficulté à tirer des conséquences généralisables d'une réussite ponctuelle se trouve augmentée du fait que ces évaluations prennent nécessairement appui sur l'enseignement dispensé et s'apparentent, partiellement au moins, autant à une évaluation de savoirs qu'à une évaluation des compétences.

La dernière modalité consiste à apprendre aux élèves à utiliser le PEL. On considère généralement qu'un élève a atteint un niveau de compétences dans une activité langagière quand il a pu cocher les cases attestant la réussite dans une proportion de sept ou huit descripteurs sur dix.

Nous avons vu plus haut que cette utilisation du PEL nécessite un guidage par le professeur et que l'auto-évaluation est un apprentissage délicat qui a besoin de l'évaluation des compétences par l'enseignant, notamment pour les aspects qualitatifs de la production. Il est important dans cette perspective de faire comprendre aux élèves qu'un descripteur ne peut être considéré comme « acquis » que si l'élève connaît des réussites répétées dans la tâche décrite et dans des situations diversifiées. La réussite ponctuelle lors d'un entraînement ou d'une évaluation à une tâche renvoyant à un descripteur est importante mais ne suffit pas pour décider que cet élève est capable, dans toutes les situations, d'effectuer avec succès cette même tâche. Un descripteur du PEL indique une aptitude généralisable à plusieurs situations.

Certains PEL intègrent, nous l'avons vu plus haut (*cf.* page 77), la fréquence dans les cases liées aux descripteurs. Que ce soit à l'école primaire, au collège ou au lycée, les élèves doivent apprendre à gérer cette dimension dans leur auto-évaluation. C'est l'un des rôles de la partie Dossier de tout PEL. Les élèves peuvent y déposer les traces de ces réussites ponctuelles avant de considérer comme définitivement acquise la composante du niveau de compétences désignée par un descripteur.

Cela nous conduit à formuler quelques remarques concernant la fréquence souhaitable du travail en classe avec le PEL. La relation directe et immédiate, donc fréquente, entre le travail dans le cours de langue et les descripteurs du PEL peut s'établir lorsque le manuel ou le matériel pédagogique utilisés y font une référence explicite ou bien quand le professeur a recours aux listes de situations illustrant les descripteurs (*cf.* pages 74 et 75). De même, le professeur peut inciter les élèves à faire figurer dans leur Dossier les documents donnant un reflet de leurs compétences. Faire ouvrir en classe la partie Biographie langagière du PEL pour y noter les progrès réalisés, et faire réfléchir l'élève sur son apprentissage, doit rester plus rare. On évoque souvent une fréquence d'environ deux fois par trimestre.

Le Passeport de langues, quant à lui, ne devrait être renseigné qu'en fin d'année scolaire ou lors d'un changement de cycle, de cursus ou d'établissement.

CHAPITRE 3

LE PEL POUR FAVORISER LE PLURILINGUISME DES ÉLÈVES

Nous avons jusqu'ici parlé de l'utilisation du CECR et du PEL pour l'enseignement d'une langue vivante et l'évaluation des compétences des élèves dans une langue particulière. En effet, chaque professeur de langue enseigne, dans de nombreux pays et notamment en France, une seule langue vivante, dont il est spécialiste. L'essentiel du profit qu'il pourra tirer de ces outils concerne la conduite de la classe pour l'apprentissage de cette langue.

Mais ce serait un contresens que de penser que le CECR et le PEL ont cette seule vocation. Le CECR repose, bien au contraire, sur une conception de l'apprentissage des langues qui ne peut être appréhendée que dans le cadre du plurilinguisme.

1. Comment le CECR définit-il le plurilinguisme ?

La définition qu'en donne le CECR est très claire :
« On désignera par **compétence plurilingue et pluriculturelle** la compétence à communiquer langagièrement et à interagir culturellement d'un acteur social qui possède, à des degrés divers, la maîtrise de plusieurs langues et l'expérience de plusieurs cultures. On considérera qu'il n'y a pas là superposition ou juxtaposition de compétences distinctes, mais bien existence d'une compétence complexe, voire composite, dans laquelle l'utilisateur peut puiser » (CECR, page 129).

Cette définition est très novatrice et riche de conséquences pour l'action pédagogique. La compétence plurilingue de chaque individu y est définie comme une compétence unique, avec des composantes dans différentes langues, à la disposition d'un individu pour satisfaire ses différents besoins de communication. Pour être efficace, la construction de ce répertoire plurilingue ne peut donc se concevoir comme une simple juxtaposition de connaissances et de savoir-faire dans des langues différentes mais comme une recherche de complémentarité et de synergie entre les connaissances et les apprentissages linguistiques.

La définition donnée par le CECR pose cette compétence plurilingue comme nécessairement déséquilibrée et évolutive. Les niveaux de compétences dans les différentes langues qui composent la compétence plurilingue ne peuvent être identiques dans toutes les langues et pour toutes les activités langagières. Cela légitime le fait qu'un élève puisse n'avoir qu'un niveau de compétences limité dans une langue particulière, si ce savoir-faire complète d'autres aptitudes dans d'autres langues. Cette définition permet même d'envisager que, pour des besoins personnels ou professionnels particuliers, on n'ait besoin de développer ses compétences dans une langue que pour une activité langagière spécifique (« compétence partielle »). L'important est d'être capable de puiser dans son répertoire linguistique pour faire face aux situations multiples dans lesquelles peut apparaître un besoin de communication. En complément de la reconnaissance de ce déséquilibre entre les compétences dans différentes langues, l'action éducative doit doter chaque élève des moyens nécessaires pour qu'il puisse répondre ultérieurement à des besoins nouveaux dans d'autres langues, pour d'autres activités langagières, à des niveaux supérieurs de compétences.

La prise en compte de cette définition du plurilinguisme est très riche pour les professeurs de langue. Elle nous offre des bases pédagogiques plus solides pour justifier et atteindre l'objectif européen de maîtrise de compétences dans au moins deux langues vivantes autres que la langue maternelle pour tous nos élèves. Elle ouvre des perspectives nouvelles pour fonder la discipline langues vivantes au-delà de la spécialité dans telle ou telle langue.

2. Prendre en compte les autres apprentissages linguistiques

La plupart des élèves étudient au moins deux langues vivantes. Le professeur d'une langue particulière ne connaît certes ses élèves que dans le créneau horaire qui est consacré à la langue qu'il enseigne. Mais les élèves reçoivent presque simultanément l'enseignement de deux langues différentes. Ils sont amenés, le plus souvent inconsciemment, à construire progressivement cette compétence plurilingue évoquée en tête de ce chapitre. Il est pour le moins dommage que, sauf exception, ils doivent gérer seuls cette construction, sur la base d'hypothèses et d'expériences plus ou moins heureuses, sans l'aide de leurs professeurs.

L'enjeu pédagogique est d'importance. Il s'agit de concevoir l'apprentissage d'une langue vivante non plus comme une construction autonome, qui devrait se préserver de tout contact avec d'autres apprentissages, mais comme une contribution à l'élaboration d'une compétence communicative générale. Bien évidemment, il n'est pas question de nier la spécificité de chacune des langues ni de faire croire que l'on peut, pendant l'apprentissage, mêler sans conséquence négative toutes les langues. Les vraies questions sont les suivantes : comment tirer profit, pour l'enseignement d'une langue, des apprentissages antérieurs ou parallèles d'autres langues ? comment faciliter chez les élèves une complémentarité efficace entre leurs apprentissages linguistiques différents ?

Il est légitime de penser qu'à plus ou moins longue échéance des manuels de langue tireront toutes les conséquences de ces perspectives pour prendre en charge les combinaisons entre les apprentissages simultanés.

Mais, dès maintenant, nous pouvons nous engager progressivement dans cette voie à l'aide des manuels en usage.

Pour illustrer concrètement cette possibilité, nous avons choisi d'examiner ce que pourrait être l'action des professeurs de langues différentes, ici l'allemand et l'anglais, avec des élèves français apprenant ces deux langues dès le début de l'enseignement secondaire dans des classes dites bilingues. Ces classes ne représentent certes pas les situations les plus fréquentes, mais la portée des développements ci-dessous dépasse ce seul dispositif et concerne toutes les autres combinaisons de langues et de niveaux de classe. Au-delà des résultats, qui dépendent bien entendu des deux langues concernées, l'essentiel du propos réside dans la démarche, qui est tout à fait généralisable.

L'approche proposée consiste à examiner en détail les manuels de ces élèves pour repérer les points d'ancrage possibles d'une complémentarité raisonnée entre les deux enseignements. Pour des raisons de place, et pour ne pas lasser les lecteurs peu concernés par ces deux langues, nous limiterons cette étude aux deux premiers chapitres des deux manuels d'anglais *(New Live)* et d'allemand *(Aufwind)*.

Dans la logique de « l'approche actionnelle » induite par le CECR et de la démarche décrite au chapitre 1 de cette partie, nous commencerons par la recherche des tâches proposées dans les deux manuels, en liaison avec les listes de repérage du PEL pour le collège. Nous constatons que, dans les deux premiers chapitres de ces manuels, les descripteurs suivants sont concernés :

A1 Parler avec quelqu'un (expression orale en interaction)
- Je peux dire qui je suis, où je suis né(e), où j'habite et demander le même type d'informations à quelqu'un.
- Je peux dire ce que je fais, comment je vais et demander à quelqu'un de ses nouvelles.
- Je peux présenter quelqu'un, saluer et prendre congé.
- Je peux parler simplement des gens que je connais et poser des questions à quelqu'un.
- Je peux répondre à des questions personnelles simples et en poser.
- Je sais compter, indiquer des quantités et donner l'heure.
- Je peux proposer ou offrir quelque chose à quelqu'un.
- Je peux parler d'une date ou d'un rendez-vous en utilisant, par exemple, « la semaine prochaine », « vendredi dernier », « en novembre », « à trois heures ».

A2 Parler avec quelqu'un (expression orale en interaction)
- Je peux exprimer simplement mon accord ou mon désaccord.

A1 Écouter et comprendre (compréhension de l'oral)
- Je peux comprendre des consignes et des indications simples.

A1 S'exprimer en continu ou **Écrire** (expression orale en continu ou expression écrite)
- Je peux faire des phrases en utilisant « et », « mais », « alors ».

Cette liste suffit pour montrer que les points communs sont nombreux, ce qui était prévisible dans la mesure où le programme est, sur ce point, commun à toutes les langues.

Pour pouvoir en tirer des conséquences pédagogiques, il est cependant nécessaire d'aller plus loin et d'analyser comment les manuels abordent ces savoir-faire. Cela nous conduit à décomposer ces descripteurs en tâches ou en situations, comme nous l'avons fait page 75. Nous percevrons mieux dès lors les points communs et les différences d'approche entre les deux manuels.

A1 Parler avec quelqu'un

Je peux dire qui je suis, où je suis né(e), où j'habite et demander le même type d'informations à quelqu'un.

	New Live	Aufwind
Je peux dire comment je m'appelle.	chap. 1	chap. 1
Je peux épeler mon nom.		chap. 1
Je peux demander son nom à quelqu'un.	chap. 1	chap. 1
Je peux dire dans quelle ville et/ou dans quel pays j'habite.		chap. 1
Je peux dire d'où je viens et demander le même renseignement à quelqu'un.	chap. 2	chap. 1

Je peux dire ce que je fais, comment je vais et demander à quelqu'un de ses nouvelles.

	New Live	Aufwind
Je peux dire comment je vais et demander à quelqu'un comment il va.		chap. 2

Je peux présenter quelqu'un, saluer et prendre congé.

	New Live	Aufwind
Je peux présenter quelqu'un en disant son prénom.	chap. 1	chap. 1
Je peux présenter quelqu'un en précisant son lien avec moi (parent, ami, ...).	chap. 1	
Je peux demander le nom de quelqu'un d'autre.	chap. 1	chap. 1
Je peux saluer un ami.	chap. 1	chap. 1 et 2
Je peux saluer un adulte.	chap. 1	
Je peux répondre au téléphone.		chap. 2
Je peux m'excuser en m'adressant à quelqu'un.	chap. 2	

Je peux parler simplement des gens que je connais et poser des questions à quelqu'un.

	New Live	Aufwind
Je peux indiquer une qualité ou une caractéristique de quelqu'un.	chap. 1	
Je peux indiquer la couleur de quelque chose.	chap. 2	

Je peux répondre à des questions personnelles simples et en poser.

	New Live	Aufwind
Je peux dire ce que j'ai le droit de faire.	chap. 2	
Je peux dire ce que je suis capable de faire.	chap. 2	
Je peux demander si j'ai le droit de faire quelque chose.	chap. 2	
Je peux dire ce que j'aime faire et ce que je n'aime pas faire.		chap. 1
Je peux demander à quelqu'un ce qu'il aime faire.		chap. 1
Je peux dire que je ne sais pas.	chap. 1	

Je sais compter, indiquer des quantités et donner l'heure.

	New Live	Aufwind
Je sais compter jusqu'à 10.	chap. 1	chap. 1
Je sais compter au-delà de 10.	chap. 2	chap. 2
Je sais faire une addition à un chiffre.		chap. 1 et 2
Je peux dire mon âge et demander l'âge de quelqu'un.	chap. 2	chap. 2
Je peux dire l'heure.		chap. 1

Je peux proposer ou offrir quelque chose à quelqu'un.

	New Live	Aufwind
Je peux présenter quelque chose à quelqu'un.	chap. 1	
Je peux attirer l'attention sur quelque chose.	chap. 1	
Je peux inviter quelqu'un à faire quelque chose.		chap. 2

Je peux parler d'une date ou d'un rendez-vous en utilisant, par exemple, « la semaine prochaine », « vendredi dernier », « en novembre », « à trois heures ».

	New Live	Aufwind
Je peux demander quand a lieu quelque chose.		chap. 2
Je peux indiquer le jour et l'heure d'un événement ou d'un rendez-vous.		chap. 2

A2 Parler avec quelqu'un

Je peux exprimer simplement mon accord ou mon désaccord.

	New Live	Aufwind
Je peux dire que je suis d'accord ou pas d'accord.	chap. 1 et 2	chap. 1 et 2
Je peux accepter et refuser une invitation.		chap. 2
Je peux dire pourquoi je refuse une invitation.		chap. 2
Je peux montrer que je suis étonné(e).		chap. 1

A1 Écouter et comprendre

Je peux comprendre des consignes et des indications simples.

	New Live	Aufwind
Je peux comprendre les consignes de travail dans la classe.	chap. 1	
Je peux comprendre des consignes simples à la maison.	chap. 2	
Je peux comprendre des indications simples.	chap. 1	

A1 S'exprimer en continu ou Écrire

Je peux faire des phrases en utilisant « et », « mais », « alors ».

	New Live	Aufwind
Je peux faire des phrases reliées par « et ».	chap. 1 et 2	chap. 1
Je peux exprimer un problème en reliant deux phrases par « mais ».	chap. 1 et 2	

Si les élèves sont amenés à tirer des bilans de ce qu'ils ont appris à faire au cours du travail avec leurs manuels, à l'aide de listes de repérage semblables, ils constateront le grand nombre de points communs entre les deux apprentissages et prendront plus facilement conscience des outils langagiers à leur disposition pour la communication avec des locuteurs étrangers.

Ils constateront également les différences, lesquelles présentent un triple intérêt.

Tout d'abord l'observation de ces différences peut être une incitation forte à se remémorer et à mobiliser les acquis de l'école élémentaire pour réaliser ces tâches. Le professeur aura d'ailleurs intérêt, nous l'avons vu, à prendre en compte ce besoin lors de la mise en œuvre des tâches prévues par son manuel, en adaptant ou en enrichissant les situations (*cf.* page 62) ou en intercalant, quand c'est pertinent, des tâches nouvelles pour réactiver ces acquis.

Ensuite, et peut-être surtout, ce constat de différences peut se révéler un levier très efficace pour favoriser chez les élèves la fixation d'objectifs langagiers. Constater que l'on ne sait pas encore, en allemand, dire ce que l'on est capable de faire, alors que l'on a appris à le dire en anglais, peut créer le besoin d'apprentissage.

Dans cette perspective, il est très intéressant de remarquer que, parmi les items qui n'apparaissent que pour l'un des deux manuels dans les tableaux ci-dessus, plusieurs feront l'objet d'un travail spécifique dès le chapitre 3 du manuel de l'autre langue :
– saluer un adulte
– dire ce que l'on est capable de faire
– présenter quelque chose à quelqu'un
– dire dans quelle ville et/ou dans quel pays on habite
– dire l'heure

D'autres seront abordés dans les chapitres 4 et 5 :
– s'excuser en s'adressant à quelqu'un
– dire que l'on ne sait pas
– présenter quelqu'un en précisant le lien avec soi (parent, ami, …)
– exprimer un problème en reliant deux phrases par « mais »
– dire ce que l'on aime faire et ce que l'on n'aime pas faire
– demander à quelqu'un ce qu'il aime faire
– inviter quelqu'un à faire quelque chose
– indiquer le jour et l'heure d'un événement ou d'un rendez-vous
– accepter et refuser une invitation à faire quelque chose

Certains enfin ne seront introduits que dans le chapitre 6 :
– dire ce que l'on a le droit de faire
– demander si l'on a le droit de faire quelque chose
– demander quand a lieu quelque chose

Enfin, troisième intérêt de cette comparaison item par item, l'absence de l'un ou l'autre dans la totalité du manuel peut conduire le professeur à s'interroger s'il est pertinent pour la langue qu'il enseigne de compléter la liste des tâches prévues par un apprentissage de ces savoir-faire : épeler son nom, demander à quelqu'un comment il va, faire une addition, répondre au téléphone.

Un professeur d'allemand ne pourra pas manquer l'occasion de systématiser par exemple, en parallèle avec le travail effectué par son ou sa collègue d'anglais, l'utilisation de consignes simples dans la langue étrangère pour gérer le travail en classe et la vie du groupe.

Examinons maintenant ces deux manuels, en nous limitant une nouvelle fois aux deux premiers chapitres, sous l'angle du développement de la compétence linguistique (lexicale et grammaticale).

En ce qui concerne le lexique, on constate une charge différente dans les deux manuels. Sans tenir compte du contenu des enregistrements, dont le script ne figure pas dans le manuel, ni des consignes de travail dans la langue étrangère, on compte 77 mots pouvant donner lieu à une mémorisation en anglais et 48 mots en allemand.

Mais l'important n'est pas là. Le manuel d'anglais invite les élèves, au chapitre 2, à développer la stratégie suivante : « Pour devenir un bon lecteur en anglais, apprends à repérer tous les mots que tu peux reconnaître : ceux qui ressemblent à des mots français ; les mots anglais que l'on utilise aussi en français » (page 42).

Cela renvoie aux descripteurs du PEL pour le collège reproduits ci-dessous :

A1 Lire et comprendre : mes astuces			
Je peux essayer de deviner le contenu d'un texte en m'aidant des illustrations.			
Je peux essayer de deviner le sens des mots que je ne connais pas en m'aidant de leur ressemblance avec ma langue ou avec une autre langue que je connais.			
Je peux aussi…			

PEL collège, page 18

Cette réflexion n'est pas initiée dans le manuel d'allemand. Or, on s'aperçoit que parmi les 48 mots figurant dans les deux premiers chapitres,
- 13 sont transparents à partir du français (Familie, Post, Karte, Baby, Club, Flöte, Tennis, fotografieren, Musik, Theater, Volleyball, Basketball, Orchester) ;
- 12 mots allemands figurant dans ces chapitres présentent une forte analogie avec le mot anglais correspondant (was/what, is/ist, and/und, hello/hallo, friend/Freund, ball/Ball, computer/Computer, man/Mann, to sing/singen, to swim/schwimmen, mother/Mutter, father/Vater).

Cela signifie donc que la stratégie mise en œuvre explicitement dans le cours d'anglais peut avoir un rendement au moins aussi fort dans le cours d'allemand : plus de la moitié des mots présents dans ces deux chapitres sont concernés par cette démarche.

Le travail avec le PEL pour le collège permettra aux élèves de cocher la case correspondant à cette stratégie pour l'apprentissage de l'anglais. Ce sera également l'occasion, si le professeur d'allemand sait la saisir, de montrer aux élèves que cette stratégie est transférable à d'autres langues et de faire l'expérience de sa productivité pour l'allemand, de prendre conscience des nombreuses racines lexicales communes entre l'allemand et l'anglais ainsi que des emprunts entre le français et la langue allemande.

La comparaison des présentations grammaticales dans les mêmes chapitres des deux manuels ne fait apparaître aucun autre point commun que la conjugaison au présent de l'indicatif des auxiliaires et des verbes réguliers. Cela n'est pas surprenant et est tout à fait légitime dans la mesure où les difficultés dans les deux langues pour les élèves francophones ne sont pas identiques ou ne présentent pas le même degré d'urgence.

Le rapprochement entre les deux manuels devrait cependant attirer l'attention des professeurs sur quelques similitudes qui ne sont pas explicitées :
– Les deux manuels abordent, dès le premier chapitre, l'existence du « neutre », brièvement et sans explication en anglais dans un tableau de conjugaison, plus longuement en allemand et, cette fois, à propos du genre des noms.

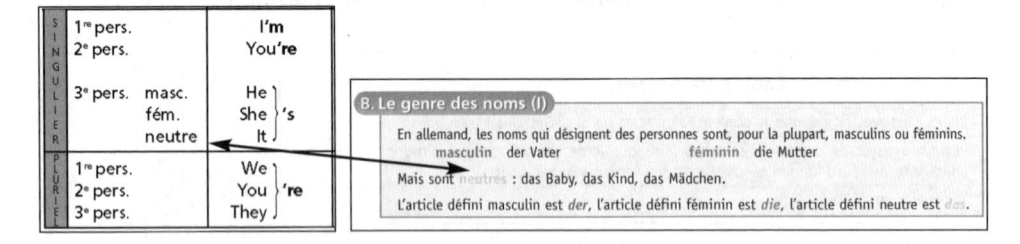

SINGULIER	1re pers.		I'm
	2e pers.		You're
	3e pers.	masc.	He ⎫
		fém.	She ⎬ 's
		neutre	It ⎭
PLURIEL	1re pers.		We ⎫
	2e pers.		You ⎬ 're
	3e pers.		They ⎭

B. Le genre des noms (I)
En allemand, les noms qui désignent des personnes sont, pour la plupart, masculins ou féminins.
   masculin der Vater   féminin die Mutter
Mais sont neutres : das Baby, das Kind, das Mädchen.
L'article défini masculin est der, l'article défini féminin est die, l'article défini neutre est das.

– Dans les deux langues, la formation des nombres s'effectue selon des procédures très similaires.

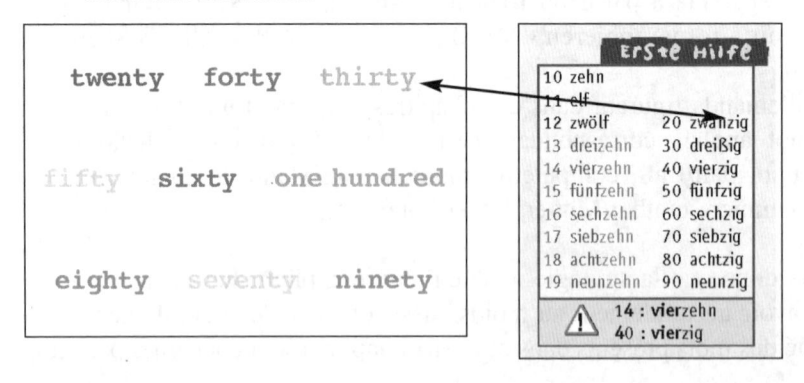

twenty   forty   thirty

fifty   sixty   one hundred

eighty   seventy   ninety

Erste Hilfe
10 zehn	
11 elf	
12 zwölf	20 zwanzig
13 dreizehn	30 dreißig
14 vierzehn	40 vierzig
15 fünfzehn	50 fünfzig
16 sechzehn	60 sechzig
17 siebzehn	70 siebzig
18 achtzehn	80 achtzig
19 neunzehn	90 neunzig

⚠ 14 : vierzehn
   40 : vierzig

– En allemand comme en anglais, les élèves découvriront les formes différentes du chiffre « un » (« eins », « one ») et de l'article indéfini « un » (« ein(e) » et « a(n) »). Mais aucun des deux manuels ne met en avant cette distinction non marquée en français.

Eins, zwei, drei ...
a. Hör und wiederhole!
Lehrer: Eins.
Du: Eins.

EINS   ZWEI   DREI   VIER

So ein Stress!

1 Get ready

a) Listen and give the numbers of the pictures.
Teacher: Be quiet!
Class: Number 1.

— Les deux manuels confrontent les élèves avec une forme identique, « 's », qui a des utilisations très différentes dans les deux langues : « Who's this man ? » (ellipse de « is ») / « Ich bin's » (ellipse de « es »).

1 Get ready

a) **Look at the pictures and answer.**
Teacher: Look at "a". Who's this man?
Class: It's …
Teacher: Look at "b". Who are these men?
Class: I don't know!
Teacher: They're …

Partner A : Neun, fünf, sieben, vier…
Partner B : Claudia Stockinger.
Partner A : Guten Tag, Claudia. Wie geht's?
Partner B : Danke, gut. Und dir?

— La place du verbe dans la phrase allemande est une difficulté bien connue ; elle fait d'ailleurs l'objet d'explications grammaticales dès le chapitre 2. Un examen attentif des deux premiers chapitres montre cependant que la construction de la phrase anglaise présente, dans les énoncés rencontrés par les élèves, quelques similitudes. Que l'on pense par exemple à « Where are you from? » (*New Live*, page 38) et « Was machst du gern? » (*Aufwind*, page 20), ou encore à l'interrogation globale « Can I …? » (*New Live*, page 34) et « Machst du auch mit? » (*Aufwind*, page 22).

Bien évidemment, ces différents points ne présentent pas tous un intérêt majeur ni une difficulté particulière dans l'apprentissage de l'une ou l'autre des deux langues. La question se pose cependant de ce que les élèves font, individuellement et souvent sans l'expliciter, de ces similitudes et de ces différences. N'est-il pas souhaitable de prévenir, à moindres frais, les éventuels transferts erronés par une brève remarque au moment adéquat, sur la base de la connaissance par le professeur de ce qu'ont déjà appris les élèves dans l'autre langue ? N'est-il pas dommage de ne pas exploiter pédagogiquement les convergences entre les deux langues pour que les apprentissages respectifs se confortent mutuellement ?

Ces deux interrogations portent ici sur le système des deux langues. Elles gardent leur validité pour d'autres composantes de la compétence communicative, pour les dimensions pragmatique, sociolinguistique et lexicale et, nous en avons évoqué un exemple, sur les stratégies.

Un dernier exemple éclairera l'intérêt de mettre en évidence la convergence entre les deux langues, au-delà des seules similitudes lexicales ou grammaticales. Dans le chapitre 2 d'*Aufwind* et au chapitre 5 de *New Live*, les élèves apprennent à dire ce qu'ils aiment faire (ou ne pas faire) et ce qu'ils apprécient particulièrement ou pas du tout. Or les deux langues ont en commun de bien distinguer lexicalement l'expression du goût (gern, mögen / to like) et l'expression du sentiment affectif (lieben / to love). Les professeurs des deux langues savent que cela présente une difficulté à cause de l'emploi du même verbe « aimer » en français. Ne serait-il pas bénéfique pour les élèves d'initier une très brève réflexion à partir d'une comparaison entre des énoncés en allemand, en anglais et en français, pour mieux fixer l'emploi de ces notions ?

Nous avons souligné page 105 que l'intérêt d'une telle démarche concernait toutes les situations et tous les niveaux de classe où les élèves apprennent plusieurs langues vivantes. Nous en trouvons des exemples dans d'autres manuels que ceux qui ont été analysés ci-dessus. Ainsi le manuel ci-dessous destiné à des élèves entamant l'étude de l'allemand en LV2 intègre, entre autres, systématiquement une rubrique Sprachbrücken (d'une langue à l'autre) dans toutes les unités.

Objectifs

Dans ce chapitre, tu vas apprendre

→ *à comprendre et à t'exprimer*
- décrire l'apparence physique de quelqu'un
- indiquer le lieu où l'on se rend
- exprimer l'autorisation et l'interdiction

→ *à observer comment fonctionne la langue*
- le présent des verbes forts en -e- et -a-
- la relation directive
- le verbe *dürfen*
- les pronoms personnels à l'accusatif
- le pluriel des noms

en la comparant à d'autres langues
- les verbes à préverbe séparable en allemand et les verbes à particule en anglais
- la forme de politesse en allemand, en anglais et en français
- les prépositions *für* en allemand et *for* en anglais

→ *à connaître les pays germanophones*
- la Foire internationale du livre de Francfort
- la littérature de jeunesse : *Der Struwwelpeter, Emil und die Detektive*

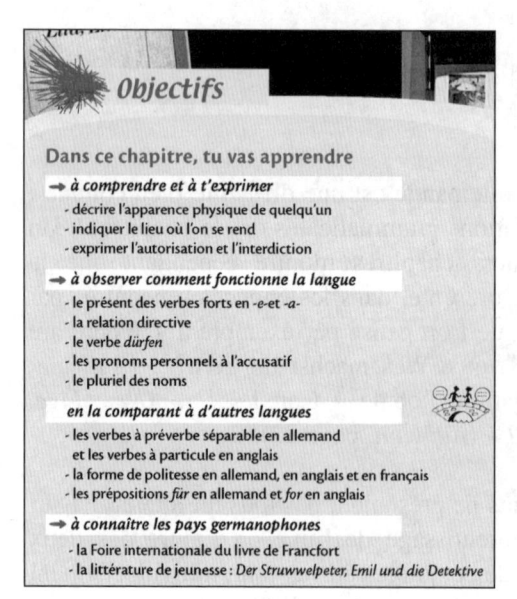

Quand ou sous quelle forme peut avoir lieu un tel rapprochement concerté entre les professeurs des deux langues ?

Cette mise en synergie des deux enseignements est naturellement privilégiée quand les professeurs en charge des classes ont des compétences dans l'autre langue et/ou trouvent le temps de se concerter pour expliquer leur démarche, pour comparer les contenus linguistiques de leurs séquences pédagogiques respectives, pour élaborer ensembles les listes de situations qui permettront l'auto-évaluation par les élèves.

Elle est fortement favorisée quand les élèves sont invités à renseigner leur PEL ou les listes de situations illustrant les descripteurs de ce document. Cette activité est en effet de nature à susciter un intérêt particulier pour les relations entre les langues apprises.

Ces conditions favorables ne sont cependant pas des prérequis pour toute prise en compte des apprentissages des élèves.

Enfin, cette convergence peut faire l'objet d'une réflexion spécifique grâce à la partie qui lui est consacrée dans le PEL français pour le collège.

> **Pour me servir des autres langues que je connais**
>
> [1] Apprendre une nouvelle langue n'est pas « commencer à zéro » ! La langue ou les langues de la famille, celle de l'école, les langues étrangères déjà apprises servent aussi à découvrir mieux et plus vite une nouvelle langue.
>
> [2] Me demander si la langue nouvelle que j'apprends ressemble un peu à une que je connais déjà (par les sonorités, par la mélodie ou le rythme). Ou encore si des formes, des mots, des constructions me font penser, à l'oral ou à l'écrit, à d'autres, découvertes dans d'autres langues. ......
>
> [3] Ne pas hésiter à noter les ressemblances et les différences pour renforcer la connaissance de l'une et de l'autre langue. ....
>
> [4] Si deux langues se ressemblent un peu dans leur prononciation, leur vocabulaire, leurs constructions, je peux parfois les « mélanger » sans m'en rendre compte, en parlant ou en écrivant. Je sais que c'est normal, que cela peut être utile et que c'est transitoire. ......

PEL collège, page 14

[2][3] Nous retrouvons ici la possibilité de faire repérer par les élèves les similitudes et les différences entre les deux langues après quelques semaines d'apprentissage. Il est possible de faire consulter ces paragraphes par les élèves, de leur demander de citer des exemples qui leur viennent à l'esprit et qui seront commentés collectivement, puis de leur demander d'en rechercher d'autres individuellement qui pourront faire l'objet d'une discussion ultérieure. Cette recherche individuelle pourra même, en début d'apprentissage, être favorisée par un tableau lacunaire, établi par les enseignants, faisant apparaître quelques éléments de l'une ou l'autre des deux langues et devant être complété par les éléments correspondant dans l'autre langue. Dans l'idéal, ce travail pourrait être conduit pas les deux enseignants, soit lors d'une intervention commune soit en alternant les différentes phases entre les cours consacrés à chacune des langues.

[4] La réflexion avec les élèves sur cet item pourra intervenir dès que le ou les professeurs constateront ce type de « confusion » entre les deux langues, par exemple lors de la correction d'un travail écrit ou à la fin d'une phase de production orale. Il s'agit ici de faire prendre conscience aux élèves qu'il est naturel que les professeurs exigent d'eux, dans une situation d'apprentissage, qu'ils s'efforcent d'utiliser la langue de façon cohérente et évitent le « zapping » d'une langue à l'autre. Mais ils doivent aussi leur faire comprendre que ces confusions ne sont pas graves, qu'elles sont explicables et temporaires. De plus, nous savons bien que cet emploi de termes de langues différentes correspond à une utilisation naturelle et souvent pertinente de la compétence plurilingue de tout individu. Cela suppose cependant que les enseignants se mettent d'accord sur l'attitude à adopter devant la manifestation de telles confusions. Serait-il notamment cohérent avec le contenu de ce paragraphe du PEL de pénaliser un élève qui aurait, dans un devoir ou une tâche d'expression, ponctuellement confondu les termes des deux langues autant que s'il avait laissé un blanc ou était resté silencieux, avait eu recours à sa langue maternelle ou avait produit un énoncé incompréhensible ?

> **5** Me rappeler les astuces et les méthodes qui ont « marché » pour apprendre d'autres langues auparavant et me demander si je ne peux pas les utiliser à nouveau. ....
>
> **6** Si j'apprends plusieurs langues en même temps, avec des exercices ou des moyens différents, me demander si les manières de faire pour l'une ne seraient pas aussi utiles pour l'autre ou pour les autres. Me demander si ce que j'ai appris sur certains fonctionnements de l'une ne peut pas aussi me permettre de mieux comprendre, par comparaison, des fonctionnements – semblables ou différents – de l'autre.

> **5** Le recours à cet item du PEL pourrait, par exemple, introduire le transfert proposé plus haut du repérage des mots transparents en anglais au contenu des deux premiers chapitres du manuel d'allemand.
>
> **6** Ce conseil est d'une grande portée pour le développement de l'autonomie des élèves dans l'apprentissage. Faire le point, de temps en temps avec eux, sur cet aspect pour examiner de façon critique les conséquences qu'ils en tirent, est une contribution importante à cet objectif éducatif.

Les exemples pris ci-dessus dans les manuels d'allemand et d'anglais ont permis d'effleurer une réalité encore peu exploitée dans les classes de langue : la proximité entre les langues de même famille. Des travaux importants en montrent les potentialités pour l'apprentissage des langues latines et germaniques.

Nous pouvons maintenant, après l'examen des très nombreuses possibilités de mise en synergie des différents apprentissages linguistiques des élèves, consacrer quelques lignes à l'évaluation.

Il n'est pas question de nier la nécessité d'évaluer les progrès des élèves, de façon autonome, dans chacune des langues qu'ils apprennent. Nous avons noté par ailleurs l'intérêt d'une concertation entre les professeurs concernés sur la façon dont ces évaluations pourraient s'appuyer sur les listes de repérage du PEL (*cf.* chapitre 2, partie 2).

En revanche, on peut s'interroger sur les raisons qui empêcheraient que l'objectif pédagogique de prise de conscience de la construction d'une compétence plurilingue à travers les différents apprentissages linguistiques ne trouve sa traduction, lui aussi, dans une évaluation spécifique.

On peut imaginer différentes formes, accessibles même aux élèves de sixième ayant travaillé avec les deux manuels examinés ci-dessus et prenant appui sur les acquis de ces unités. Prenons quelques exemples :
– faire entendre une liste de mots anglais et allemands mêlés et demander aux élèves de souligner ou d'indiquer la syllabe accentuée dans chacun de ces mots (les deux manuels proposent des exercices de ce type pour leur langue respective) ;
– faire entendre aux élèves une liste de mots ou d'énoncés anglais et allemands mêlés, connus et inconnus, et leur demander d'indiquer (en cochant une case dans un tableau par exemple) s'il s'agit de mots ou d'énoncés de telle ou telle langue, pour vérifier leur appropriation des caractéristiques phoniques, accentuelles et prosodiques des deux langues ; le manuel d'espagnol pour l'école primaire reproduit ci-après propose d'ailleurs un exercice dans ce sens.

– proposer à la compréhension des élèves de brèves conversations entre des enfants français, allemands et anglais sur des sujets connus des élèves, dans lesquelles chacun parlerait sa langue, en ayant recours à des formulations familières aux élèves. Il s'agirait par là même de concrétiser pour les élèves la richesse de leurs compétences et de les familiariser avec une situation de parole privilégiant le respect de la diversité linguistique et avec une pratique que l'on constate souvent dans des contextes naturels de rencontre entre locuteurs de langues différentes.

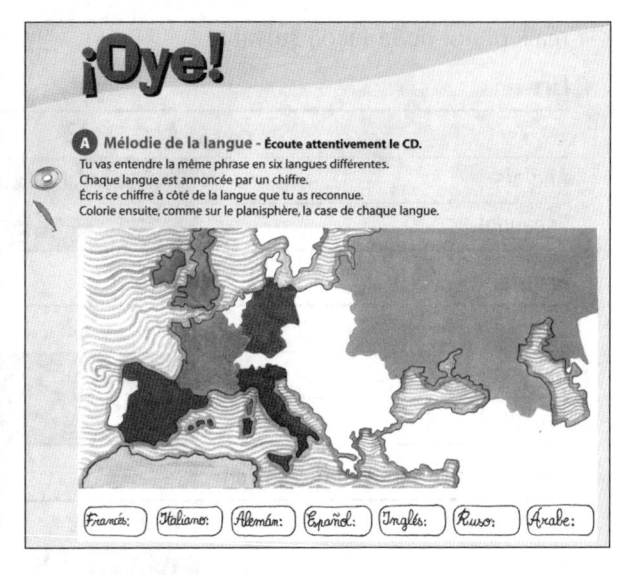

3. Valoriser le plurilinguisme des élèves

Qui dit évaluation dit également regard porté sur l'élève et ses compétences.

La dynamique décrite dans les paragraphes ci-dessus peut conduire à considérer les compétences d'un élève en langues non plus de façon juxtaposée, comme dans l'exemple fictif suivant :

Anglais

	A1	A2	B1	B2	C1	C2
Lire						
Écouter						
Prendre part à une conversation						
S'exprimer oralement en continu						
Écrire						

Espagnol

	A1	A2	B1	B2	C1	C2
Lire						
Écouter						
Prendre part à une conversation						
S'exprimer oralement en continu						
Écrire						

mais plutôt de la façon suivante :

Lire

	A1	A2	B1	B2	C1	C2
Anglais			███	███		
Espagnol		███	███			

Écouter

	A1	A2	B1	B2	C1	C2
Anglais		███	███			
Espagnol		███	███			

Prendre part à une conversation

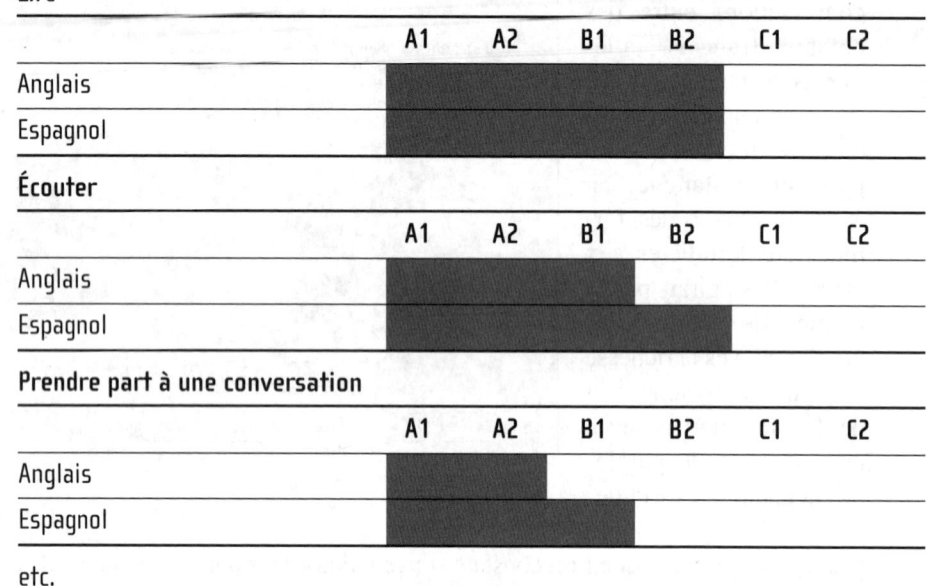

	A1	A2	B1	B2	C1	C2
Anglais	███					
Espagnol	███	███				

etc.

Par cette façon de rendre compte des compétences des élèves, l'objectif est de matérialiser le concept de compétence plurilingue. Pour comprendre par exemple un texte écrit, l'élève en question dispose de ressources diversifiées dans des langues différentes. Même si cette représentation des compétences en langues peut paraître utopique tant elle est éloignée des pratiques actuelles, elle pourrait s'avérer être la modalité la plus efficace pour approcher l'objectif visé. En tout cas, elle est cohérente et très facile à mettre en œuvre sur la base d'une évaluation et/ou auto-évaluation avec le PEL. Rien n'interdit de penser que, dans un conseil de classe ou lors d'un bilan sur les compétences en langues d'un élève, une telle visualisation de ses aptitudes puisse être effectuée pour mettre en cohérence d'une part l'objectif de plurilinguisme, de complémentarité entre les connaissances de langues différentes et d'autre part le regard porté par l'école, les enseignants et l'élève lui-même sur ses savoir-faire.

Une telle présentation, qui met en avant une palette de compétences diversifiées, a un autre mérite. Celui d'intégrer les compétences dans toutes les langues parlées et apprises par les élèves, y compris leur(s) éventuelle(s) langue(s) d'origine, les langues différentes de la langue maternelle qu'ils peuvent parler ou entendre dans leur famille ou leur entourage ainsi que les langues qu'ils ont pu rencontrer et apprendre, même très partiellement, en dehors de l'école, lors de séjours, de stages, de vacances ou à l'occasion de contacts réguliers avec des locuteurs de ces langues.

On voit bien, en consultant le PEL, le choix délibéré qui y est fait d'accorder une place à un plus grand nombre de langues que celles étudiées dans le cadre scolaire.

Le *Passeport de langues* prévoit la place pour un profil dans six langues différentes.

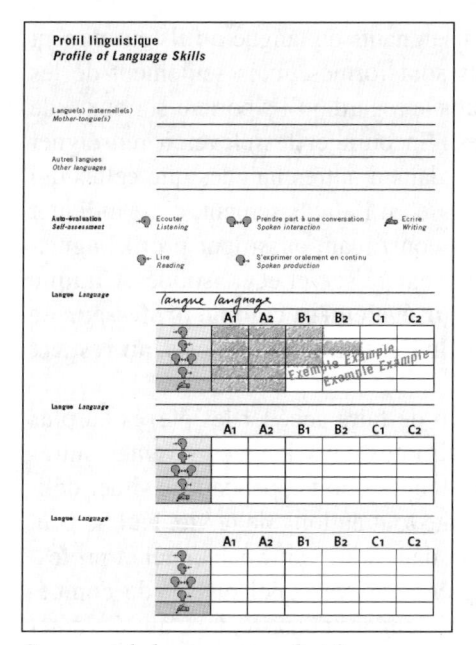

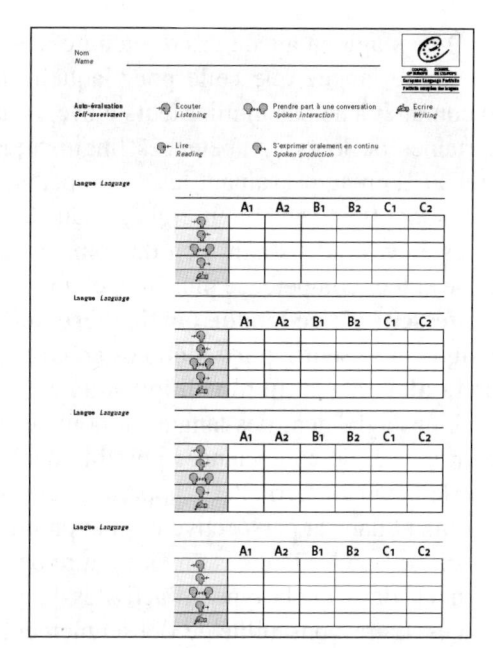

Passeport de langues, pages 2 et 3

En face de chaque descripteur des listes de repérage des différents PEL français, l'élève trouve, selon le modèle, entre quatre et six cases correspondant, chacune, à une langue différente éventuelle.

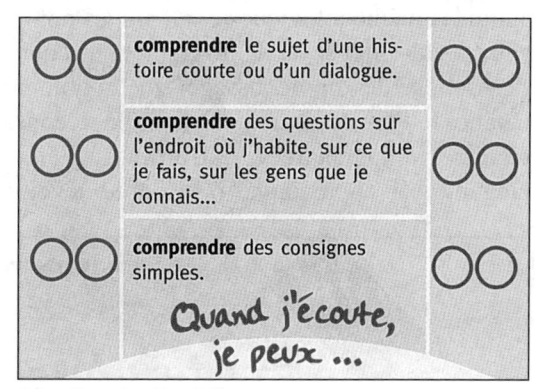

Mon Premier Portfolio

PEL collège, page 17

	L1	L2	L3	L4
A1 Parler avec quelqu'un				
Je peux dire qui je suis, où je suis né(e), où j'habite et demander le même type d'informations à quelqu'un.				
Je peux dire ce que je fais, comment je vais et demander à quelqu'un de ses nouvelles.				
Je peux présenter quelqu'un, saluer et prendre congé.				

- Je peux me présenter et présenter quelqu'un.
  Par exemple, dire mon nom, mon âge et où j'habite.
- Je peux saluer quelqu'un, lui demander comment il va et prendre congé.
  Par exemple, quand je rencontre une personne qui parle cette langue.
- Je peux parler simplement des gens que je connais et poser des questions simples sur l'identité de quelqu'un.
  Par exemple, dire ou demander les liens de parenté existants.

PEL 15 ans et +, page 24

Le PEL pour favoriser le plurilinguisme des élèves 119

Il ne s'agit en aucun cas d'attendre des enseignants de langue qu'ils enseignent une autre langue que celle pour laquelle ils sont formés, mais seulement de les encourager à ne pas mutiler leurs élèves – dans le regard qu'ils portent sur eux – de certaines de leurs compétences linguistiques. Encourager les élèves à renseigner leur PEL en auto-évaluant leurs compétences dans d'autres langues que celles qui leur sont effectivement enseignées dans la classe ou l'établissement, c'est indiquer à ces élèves qu'il s'agit bien de compétences constituant aussi leur profil linguistique et leur compétence plurilingue, qu'ils doivent préserver et consolider. **Chaque professeur d'une langue particulière doit agir également comme professeur de langue et se sentir partiellement en charge de l'éducation des élèves au respect de la diversité et au plurilinguisme.**

L'enseignement des langues a pour mission de faire accéder les élèves au plus haut niveau de compétences possible dans au moins deux langues vivantes autres que la langue maternelle. L'apprentissage des langues doit cependant se situer délibérément dans la perspective d'un apprentissage tout au long de la vie. Nul ne peut savoir de quelles langues un élève aura besoin dans son avenir personnel et professionnel, dans quels types d'activités langagières et avec quel niveau de compétences. La responsabilité de l'enseignement des langues consiste donc aussi à doter chaque élève des compétences générales individuelles nécessaires ainsi que des aptitudes méthodologiques et affectives pour qu'il ait l'envie et soit capable d'enrichir, de développer ou de diversifier ses connaissances et compétences en langues.

Au-delà des apprentissages méthodologiques organisés dans les manuels de langue, le PEL français pour le collège consacre plusieurs pages intitulées « Mes manières d'apprendre », qui offrent à l'élève, de façon transversale à toutes les langues qu'il apprend, des pistes pour développer son autonomie.

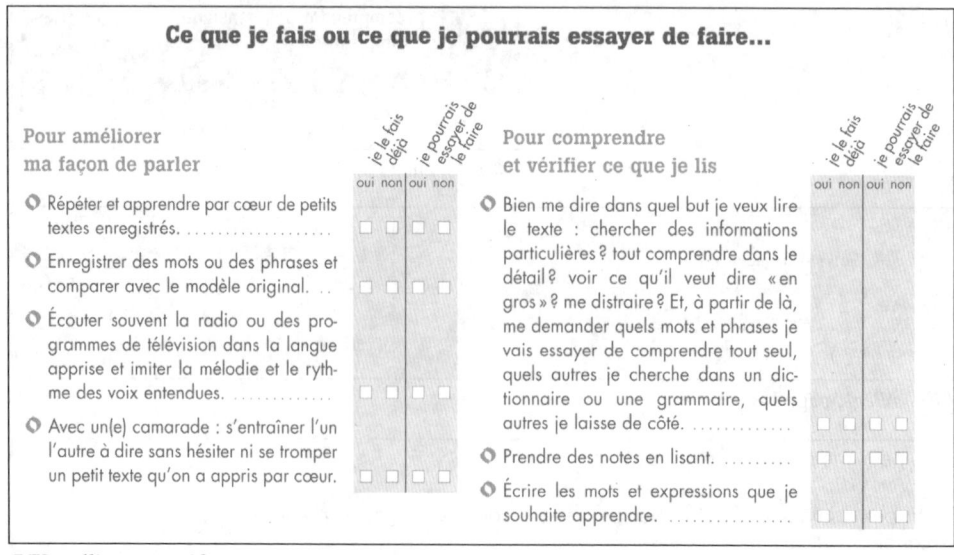

Ce que je fais ou ce que je pourrais essayer de faire...

Pour améliorer ma façon de parler

- Répéter et apprendre par cœur de petits textes enregistrés.
- Enregistrer des mots ou des phrases et comparer avec le modèle original.
- Écouter souvent la radio ou des programmes de télévision dans la langue apprise et imiter la mélodie et le rythme des voix entendues.
- Avec un(e) camarade : s'entraîner l'un l'autre à dire sans hésiter ni se tromper un petit texte qu'on a appris par cœur.

Pour comprendre et vérifier ce que je lis

- Bien me dire dans quel but je veux lire le texte : chercher des informations particulières ? tout comprendre dans le détail ? voir ce qu'il veut dire « en gros » ? me distraire ? Et, à partir de là, me demander quels mots et phrases je vais essayer de comprendre tout seul, quels autres je cherche dans un dictionnaire ou une grammaire, quels autres je laisse de côté.
- Prendre des notes en lisant.
- Écrire les mots et expressions que je souhaite apprendre.

PEL collège, page 13

Tous les PEL valorisent également les initiatives que peuvent prendre les élèves dans l'utilisation de langues, sous la conduite de leurs professeurs ou de façon individuelle.

TOUT CE QUE J'AI DÉJÀ FAIT dans les langues que j'apprends

souvent × × ×   parfois × ×   rarement ×

LANGUES

J'ai déjà écouté ou regardé :
- des chansons
- des émissions de radio
- des conversations dans la rue, les transports
- des émissions de télévision
- des cassettes vidéo ou des vidéodisques
- des cassettes sonores pour l'apprentissage
- des spots publicitaires, des clips

J'ai déjà lu :

PEL collège, page 9

Mes expériences à l'étranger

Inscrivez dans le tableau vos séjours à l'étranger.

Pays / Région	Année	Durée du séjour	Langues utilisées	Organisme (école, association, voyage)

Mes langues, aujourd'hui et demain, à l'École ou ailleurs...

Ce qui me plaît quand j'entends ou quand je parle d'autres langues :
- entendre les sonorités, la mélodie d'une autre langue
- imiter un accent
- passer d'une langue à une autre
- comparer les mots, les expressions
- découvrir d'autres façons de vivre
- comprendre un texte, un film, une chanson
- participer à des discussions, à des débats
- écrire dans une autre langue
- comprendre et aider des personnes qui ne parlent pas ma langue maternelle

Les projets que j'ai déjà réalisés ou que je souhaite rapidement mettre en œuvre :
- préparer et faire des voyages
- entretenir une correspondance (courrier électronique, Tandem...)
- participer à des activités internationales (rencontre, jumelage électronique...)
- organiser des évènements en utilisant une langue étrangère (exposition, débat)

Les langues dans ma vie

PEL 15 ans et +, page 9

Le PEL pour favoriser le plurilinguisme des élèves

On pourrait risquer ici une analogie avec l'enseignement de la musique ou de l'éducation physique et sportive. Le but poursuivi par ces deux disciplines est de doter les élèves de savoirs et de capacités. Il est aussi de donner le goût aux élèves d'une pratique de la musique ou d'un sport individuel ou collectif. Il en va de même pour un professeur de langue : la réussite d'un enseignement de langue pourrait se mesurer aussi à l'envie donnée aux élèves d'une utilisation de la langue en dehors de la classe. Le PEL permet à l'élève, entre autres, de mentionner les activités conduites dans une langue vivante, les initiatives qu'il a pu prendre, ses contacts avec des locuteurs des langues concernées et ses séjours à titre personnel dans des pays étrangers. Le PEL met sur le même plan – du point de vue du développement de la compétence plurilingue et pluriculturelle – les savoir-faire acquis en classe et en dehors de la classe, les utilisations scolaires et individuelles des langues apprises, les contacts et les séjours effectués à l'initiative de l'établissement, de l'élève ou de sa famille. Par conséquent, le PEL donne aux professeurs de langue un rôle complémentaire, qui s'étend au-delà de leur action d'enseignement de la langue à proprement parler : ils sont dès lors en situation de pouvoir conseiller les élèves dans leur parcours et de valoriser fortement ces initiatives par le regard qu'ils porteront sur toutes les indications mentionnées dans le PEL.

Une éducation plurilingue doit enfin prendre en compte la diversité des situations de plurilinguisme. Nous en citerons très rapidement deux, la médiation entre les langues et l'utilisation de plusieurs langues différentes dans des échanges verbaux.

Bien évidemment, en empruntant les pistes possibles d'une éducation plurilingue, nous avons commencé à aborder des domaines où l'expérimentation pédagogique est encore faible. La suite de ce chapitre nous invite à imaginer des formes d'action, encore peu exploitées, mais qui mériteraient sans doute d'être explorées.

Quand nous avons évoqué les différentes activités langagières identifiées par le CECR, nous avons rencontré l'activité de médiation, qui a été peu reprise depuis. La médiation entre les langues est pourtant très répandue. Prenons un seul exemple. Un élève qui reçoit chez lui un correspondant étranger se livrera naturellement à cette activité quand il devra reformuler à l'intention de son correspondant ce que lui disent ses parents, qui ne parlent pas la langue, ou, à l'inverse, quand il devra expliquer dans sa langue maternelle à sa famille ou à des amis les souhaits de son correspondant. Il y a le plus souvent déséquilibre entre la maîtrise dans les deux langues et on ne peut pas parler ici de traduction.

On peut tout à fait concevoir, dans le cadre du travail avec le PEL, une réflexion comme celle qui est initiée dans l'exemple ci-dessous :

Situations dans lesquelles j'ai été amené(e) à servir d'intermédiaire entre deux (ou plusieurs) langues

Où ? Dans quel contexte ? ....

Avec qui ? Pour qui ? ....

Langues utilisées ....

Remarques (réussites – difficultés – comment je peux mieux me préparer ou mieux réussir dans une telle situation) : ....
....
....
....

Une autre situation fréquente est celle dans laquelle un individu est amené à passer d'une langue à l'autre dans le cadre d'échanges verbaux, soit pour combler des lacunes lexicales dans une de ses langues, soit quand le sujet de la conversation change, soit quand une langue s'impose progressivement dans la discussion de par la volonté ou le besoin de l'un des interlocuteurs.

Ici encore, une réflexion avec les élèves peut s'avérer précieuse. Elle peut prendre des formes très diverses.

J'ai déjà communiqué en me servant de plusieurs langues :				
traduit des textes d'une langue dans une autre				
servi d'interprète				
résumé dans une langue un texte d'une autre langue				
travaillé avec des dossiers où il y avait des textes dans différentes langues				
fait des exposés en changeant de langue, en résumant d'une langue dans une autre				
participé à des conversations où on parlait des langues différentes et où on se comprenait				
fait des exposés dans une langue à partir de notes que j'avais prises dans une autre				
écouté des programmes de télévision où je pouvais changer la langue en cours de route en essayant de ne pas perdre le fil				
dit au professeur d'une langue ce que je faisais ou avais fait quand j'en apprenais une autre				

PEL collège, page 11

Une réflexion pourrait être engagée à ce propos et intégrer par exemple le Dossier.

Dans quelles situations ai-je été amené(e) à parler plusieurs langues ?

Où ? Avec qui ? ....

Langue utilisée	À quel moment ? Pour parler de quoi ?	Pourquoi cette langue ?

Remarques : ....
....
....

Nous terminerons ce chapitre consacré à l'éducation plurilingue par l'un de ses aspects essentiels, l'éducation à la prise en compte et au respect de la diversité linguistique et culturelle.

Nous nous contenterons de renvoyer au livret contenu dans le PEL pour le collège, « Les langues et leur diversité », qui contient des pistes de réflexion et d'activités pour sensibiliser les élèves à la réalité et à l'importance de cette diversité.

Les langues dans ta classe

↗ Toi et tes camarades de classe, faites l'inventaire des différentes langues parlées et/ou lues dans la classe et/ou dans votre environnement. Qui parle ces langues ? Avec qui ? Dans quelles situations ? Pour faire quoi ? Qui peut lire ces langues ?

↗ Demandez à tous vos camarades qui parlent une autre langue (ou à leurs parents) d'écrire une phrase dans cette autre langue, et, si possible d'apporter un livre écrit dans cette langue.

↗ Peux-tu faire quelques remarques sur les différentes langues écrites ? S'agit-il des mêmes systèmes d'écriture ? Qu'est-ce qui est pareil, ou qu'est-ce qui est différent ?

↗ Imagine que tu veux apprendre certaines de ces langues. À partir de tes remarques précédentes, peux-tu réfléchir pour décider ce que tu devrais pouvoir faire d'abord dans ces langues pour que ton apprentissage soit le plus efficace ? Par exemple, y a-t-il des langues qu'il faut pouvoir lire le plus rapidement possible, d'autres qu'il est plus important de savoir parler d'abord, pourquoi ?

Remarques / collecte d'informations :

....
....
....
....
....
....
....
....

PEL collège, livret 2, page 5

Dans la même direction, un professeur de langue peut intégrer dans son travail avec le PEL une activité complémentaire, comme ci-dessous.

Expériences de rencontre avec des langues que je ne connais pas

1) Langues que j'ai entendues

Langue entendue	À quoi l'ai-je reconnue ?	Qu'est-ce que j'ai compris et comment ?

2) Langues que j'ai lues

Langue rencontrée à l'écrit	À quoi l'ai-je reconnue ?	J'ai compris les phrases et les mots suivants

Nous avons déjà souligné que toutes ces pistes sont encore à découvrir et à enrichir des expériences de chacun. Le parcours que le lecteur a accepté de suivre à travers les six chapitres de cet ouvrage l'a conduit à prendre connaissance des richesses des manuels d'autres langues et d'autres cycles d'enseignement. Cette démarche est une première contribution de chaque lecteur à la création collective d'un enseignement des langues qui devra devenir progressivement aussi une éducation au plurilinguisme.

CONCLUSION

Depuis qu'il est devenu une discipline à part entière, l'enseignement des langues vivantes a toujours été en recherche d'une meilleure efficacité. Cette dynamique prend une nouvelle impulsion à une époque où les compétences en langues et l'aptitude à communiquer avec des interlocuteurs porteurs d'autres cultures deviennent un impératif individuel et collectif pour l'ensemble des Européens.

Trois axes majeurs sous-tendent actuellement les évolutions didactiques de cet enseignement.

Il s'agit tout d'abord d'en améliorer l'**efficacité** pour tous les élèves. Cela passe, entre autres, par la fixation d'objectifs précis qui fournissent des repères utiles pour la progression, pour l'évaluation des progrès réalisés ainsi que pour une pédagogie de la réussite qui prenne appui sur les compétences réelles des élèves.

La **dimension européenne et internationale** devient progressivement le moteur même de l'enseignement et de l'apprentissage des langues vivantes. Elle est au cœur de la légitimité de la discipline et conditionne la motivation individuelle et l'engagement personnel indispensables aux apprentissages linguistiques.

L'apprentissage des langues – c'est une évidence qui s'impose de plus en plus – est **l'affaire de toute la vie**. Le système éducatif doit faire acquérir aux élèves des compétences dans plusieurs langues. Il doit tout autant les doter des comportements, des savoir-faire et des compétences générales leur permettant d'enrichir ou d'approfondir leurs compétences en langues au-delà de l'école.

Pour relever ces trois défis posés à l'enseignement des langues dans nos pays, le CECR et le PEL offrent des outils précieux et des perspectives nouvelles. L'objectif de ce texte est précisément d'examiner dans quelle mesure ces outils peuvent contribuer à une rénovation de l'enseignement des langues vivantes et aider les enseignants de langue à approcher progressivement les objectifs qui sont les leurs.

Il ne s'agit évidemment pas d'imaginer que l'appropriation par chaque enseignant de toutes les potentialités de ces outils puisse s'opérer sans respecter certaines étapes qui pourraient constituer des priorités pour l'(auto)formation. Il est relativement aisé de décrire les premiers pas nécessaires :
– analyser un manuel pour repérer les tâches proposées, les niveaux de difficulté des activités ou des documents ;
– organiser la mise en œuvre d'une activité langagière dans le cadre d'une tâche communicative ;
– élaborer une évaluation en tenant compte des niveaux du CECR ;
– apprendre aux élèves à s'auto-évaluer ;
– se familiariser avec l'analyse de manuels d'autres langues vivantes, y compris de français langue étrangère pour les professeurs de français.

L'une des conséquences du succès rapide de ces outils au niveau européen est l'apparition de nouveaux besoins pour lesquels le Conseil de l'Europe a d'ores et déjà engagé une réflexion et des travaux : une méthodologie pour calibrer les examens et les certifications en langues par rapport aux niveaux du CECR ; l'élaboration d'outils adaptés aux langues de scolarisation.

Les évolutions les plus marquantes dans l'enseignement des langues vivantes ont le plus souvent coïncidé avec l'apparition d'outils ou de théories nouvelles. Les langues vivantes bénéficient actuellement d'une autre synergie heureuse. L'urgence de doter tous les élèves en Europe de compétences suffisantes dans des langues diversifiées et d'évaluer le niveau réel en langues vivantes des jeunes Européens est affirmée avec force par tous les responsables politiques et éducatifs. Ce constat se manifeste notamment par l'objectif de maîtrise de compétences de communication dans au moins deux langues vivantes en plus de la langue maternelle, objectif rappelé par exemple dans l'action de l'Union européenne « Éducation et Formation 2010 ». La prise de conscience collective de ce besoin intervient au moment même où le Conseil de l'Europe met à la disposition des États européens le *Cadre européen commun de référence pour les langues* et le *Portfolio européen des langues*, qui offrent la possibilité de transformer cet objectif politique en actions concrètes et crédibles.

Au cœur de cette rencontre entre des besoins et des réponses adaptées se trouve sans doute la notion de compétence. Il s'avère que là où les compétences sont centrales, de nouvelles perspectives s'ouvrent pour la mobilité et la dimension européennes. C'est par exemple déjà le cas pour la formation professionnelle qui, comme pour les langues vivantes, peut se construire à partir de la définition des compétences attendues. L'enjeu pour la discipline consiste à construire le lien entre savoir et savoir-faire, à ne pas confondre « compétence » (telle qu'elle est définie dans le CECR) et aptitude à réagir de façon adaptée à un nombre limité de situations, à **ancrer la compétence communicative dans le développement de la culture générale des élèves.**

Quand on observe avec quelle rapidité cette notion de compétence prend une place de plus en plus importante dans la définition de tous les objectifs de formation, au niveau national et européen, il est raisonnable de penser que ce qui est maintenant possible pour les langues vivantes le deviendra pour les autres disciplines. Dans ce sens, la conviction que les enseignants de langue peuvent être les promoteurs de la dimension européenne dans les établissements scolaires prend peut-être, avec le *Cadre européen commun de référence* et le *Portfolio européen des langues*, une nouvelle signification.

Table des références des textes, photographies, et illustrations

p. 5 : © F. Goullier - **p. 6 :** Ed. Didier, 2001 - **p. 7 :** Ed. Didier/CIEP/ENS, 2004 - **p. 13 :** *Studio 60, A1*, Ed. Didier, 2001 **p. 16 :** *Studio 60, A1*, Ed. Didier, 2001 - **p. 22 :** *Nuevos Rumbos 2ᵉ année*, Ed. Didier, 2005/Dessin Marlène Pohl - **p. 23 :** *Lili Marzipan, cycle 3 niveau 1*, Ed. Didier, 2003/Dessins Bruno Conquet & François Davot ; (b) *Studio 100*, p. 49, Ed. Didier, 2001/Dessins Dom Jouenne - **p. 24 :** (h) Westock Image State/Sunset/*XL Tˡᵉ*, Ed. Didier, 2003 ; (m) *Going Places 1ʳᵉ*, Ed. Didier, 2004 ; (b) *Tandem 2*, p. 51, Ed. Didier, 2003/Dessin Marie Marthe Collin - **p. 25 :** (h) *Andiamo... Avanti !, 3ᵉ année, seconde LV2*, p. 93/Hachette Livre, 2002 ; (m) *Going Places 1ʳᵉ*/Ed. Didier, 2003 ; (b) "The Salvation Army" by Jean François Rafaelli, courtesy Christies images/The Bridgeman Art Library (Giraudon)/*XL Tˡᵉ*, Ed. Didier, 2003 - **p. 26 :** (b) *Tandem 2*, p. 43, Ed. Didier, 2003/Dessins Deletraz - **p. 27 :** (h) : *Tandem 2*, p. 23, Ed. Didier, 2003/Photographes : (hg) Jean-Philippe Duret, (bg) Gable/Jerrican, (hd) Gaillard/Jerrican, (bd) Olivier Martel/Hoa Qui ; (b) *Tandem 1*, p. 44, Ed. Didier, 2003 - **p. 28 :** (h) *Andiamo... di nuovo !*, p. 147/Hachette Livre, 2005 ; (b) *Il matrimonio di Renzo et Lucia* © MP/Leemage/*Andiamo... avanti ! 4ᵉ année, première LV2*, p. 97/Hachette Livre, 2003 - **p. 30 :** *Nuevos Rumbos 1ʳᵉ*, Ed. Didier, 2004/Editions Albert René/Goscinny-Uderzo - **pp. 31-33 :** *Aufwind 6ᵉ*/Ed. Didier, 1999/Dessins Eric Héliot/Jean François Rousseau - **p. 35 :** *Hallo Freunde 6ᵉ*/Ed. Didier, 1981- **pp. 37, 38, 40, 41, 43, 44, 45, 46, 47, 49, 58 :** CECR/Ed. Didier, 2001 - **p. 61 :** *Lili Marzipan, cycle 3 niveau 1*, Ed. Didier, 2004/Dessins Bruno Conquet & François Davot - **p. 62 :** *Aufwind 6ᵉ*, Ed. Didier, 1999 - **p. 63 :** (m) *Domino & Co*, Ed. Didier, 2005/Dessins Bruno Conquet & David Bart ; (b) *New Live 6ᵉ*, Ed. Didier, 2000/Carte The European Newspaper, D. R - **p. 65 :** (h) *New Live 3ᵉ*, Ed. Didier, 2003 ; (b) *XL Tˡᵉ*, Ed. Didier, 2003 - **p. 66 :** (h) *Nuevos Rumbos Tˡᵉ*, Ed. Didier, 2005 ; (b) *Alternative 1ʳᵉ*, Ed. Didier, 2005 - **p. 67 :** *Nuevos Rumbos Tˡᵉ*, Ed. Didier, 2005 - **p. 68 :** *XL Tˡᵉ*, Ed. Didier, 2003 - **pp. 69, 70 :** *Alternative 1ʳᵉ*, Ed. Didier, 2005 - **p. 72 :** Ed. Didier, 2001- **p. 75 :** Inspection Académique du Bas-Rhin - **p. 77 :** *PEL pour le collège*, Ed. Didier, 2003 - **p. 78 :** *Nuevos Rumbos 1ᵉ année*, Ed. Didier, 2004/Dessins Valérie Gilbert & Philippe Sedletzki - **p. 79 :** (h) *Zusammen LV2*, Ed. Didier, 2005 ; (b) *Alternative 1ʳᵉ*, Ed. Didier, 2005 - **p. 80 :** *Alternative 1ʳᵉ*, Ed. Didier, 2005 - **p. 82 :** *Nuevos Rumbos Tˡᵉ*, Ed. Didier, 2005 - **p. 83 :** *Nuevos Rumbos 1ʳᵉ*, Ed. Didier, 2004/www.prismaar-chivo.com - **pp. 84-85 :** CECR/Ed. Didier, 2004 - p. **86 :** *Tandem 1*, p. 25, Ed. Didier, 2003/Photographes : André Edouard/Photononstop, Jean Philippe Duret - **p. 87 :** (h) *Tandem 1*, p. 26, Ed. Didier, 2003/Dessin Je t'aime/Editions Alternative ; (b) *Nuevos Rumbos 1ᵉ année*, Ed. Didier, 2004 - **p. 88 :** *Going Places 1ʳᵉ*, Ed. Didier, 2004 - **p. 91 :** *Zusammen LV2 1ᵉ année*, Ed. Didier, 2005 - **p. 92 :** *Nuevos Rumbos 1ᵉ année*, Ed. Didier, 2005 - **p. 93 :** (h) David Purdy/Sun Herald/*Going Places 1ʳᵉ*, Ed. Didier, 2004 ; (b) *New Live 3ᵉ*, Ed. Didier, 2003 - **p. 94 :** *New Live 3*, Ed. Didier, 2003/Photo Scala, Florence - **p. 95 :** *Alternative 1ʳᵉ*, Ed. Didier, 2005/Frank Schultze/Zeitenspiegel - **p. 111 :** Ed. Didier, 2004 - **p. 112 :** (hg, mg) *New Live 6ᵉ*, Ed. Didier, 2000 ; (hd, md, bd, bg) *Aufwind 6ᵉ*, Ed. Didier, 1999/Dessins Eric Héliot & Jean François Rousseau - **p. 113 :** (h, mg) *New Live 6ᵉ*, Ed. Didier, 2000/Dessins : Gabs ; (md) *Aufwind 6ᵉ*, Ed. Didier, 1999 - **p. 114 :** *Zusammen LV2 1ʳᵉ année*, Ed. Didier, 2005 - **p. 115 :** Ed. Didier, 2004 - **p. 117 :** *Pirulí cycle 3, niveau 1*, Ed. Didier, 2003/Dessin Brigitte Hallé - **p. 119 :** (h) Ed. Didier, 2003 ; (mb) Ed. Didier, 2001, 2004, 2006 - **p. 120 :** Ed. Didier, 2001, 2004 - **p. 121 :** *Portfolio Européen des langues 15 ans et +* © CRDP Basse-Normandie/Ed. Didier 2006 - **pp. 123-124 :** Ed. Didier, 2004.

Nous avons recherché en vain les éditeurs ou les ayants droit de certains textes et illustrations reproduits dans ce livre. Leurs droits sont réservés aux Éditions Didier.

Conception graphique de la couverture : Studio Favre et Lhaïk
Mise en page : Nord Compo

« Le photocopillage, c'est l'usage abusif et collectif de la photocopie sans autorisation des auteurs et des éditeurs. Largement répandu dans les établissements d'enseignement, le photocopillage menace l'avenir du livre, car il met en danger son équilibre économique. Il prive les auteurs d'une juste rémunération.
En dehors de l'usage privé du copiste, toute reproduction totale ou partielle de cet ouvrage est interdite. »

« La loi du 11 mars 1957 n'autorisant, aux termes des alinéas 2 et 3 de l'article 41, d'une part, que les copies ou reproductions strictement réservées à l'usage privé du copiste et non destinées à une utilisation collective » et, d'autre part, que les analyses et courtes citations dans un but d'exemple et d'illustration, « toute représentation ou reproduction intégrale, ou partielle, faite sans le consentement de l'auteur ou des ayants droit ou ayants cause, est illicite. » (alinéa 1ᵉʳ de l'article 40) « Cette représentation ou reproduction, par quelque procédé que ce soit, constituerait donc une contrefaçon sanctionnée par les articles 425 et suivants du Code pénal. »

© Les Éditions Didier, Paris 2006
Imprimé en France par E.M.D. en octobre 2010 - Dépôt légal : 6116/03

ISBN 978-2-278-06116-7
N° imprimeur : 23898